Alfred Helbling

Der Zug der Cimbern und Teutonen

Eine Studie

Alfred Helbling

Der Zug der Cimbern und Teutonen

Eine Studie

ISBN/EAN: 9783955642112

Auflage: 1

Erscheinungsjahr: 2013

Erscheinungsort: Bremen, Deutschland

@ EHV-History in Access Verlag GmbH, Fahrenheitstr. 1, 28359 Bremen. Alle Rechte beim Verlag und bei den jeweiligen Lizenzgebern.

DER ZUG
DER
CIMBERN UND TEUTONEN.

EINE STUDIE

VON

ALFRED HELBLING,
VON RAPPERSWIL.

WINTERTHUR.
BUCHDRUCKEREI GESCHWISTER ZIEGLER.
1898.

Meinem seligen Vater

Herrn JOSEF HELBLING
von Cairo

in dankbarster Liebe und innigster Verehrung

gewidmet.

Vorwort.

Vorliegende Arbeit ist durch Anregung der Seminar-Übungen des Herrn Prof. Oechsli in Zürich entstanden. Der Verfasser machte sich nie ein Hehl aus der Schwierigkeit des zu behandelnden Themas, sowie aus dem Umstand, dass man bei solchen Arbeiten aus dem hypothetischen fast nie herauskommt, was mathematisch-sichere Resultate ausschliesst. Dagegen konnte er nicht umhin, bei der Wahl einer Promotions-Arbeit die vielfachen Anregungen zu benutzen, welche ihm die 6 Semester besuchten gründlichen kritischen Übungen aus der ältern Schweizergeschichte bei Herrn Prof. Oechsli boten. In diese Übungen wurde die allgemeine römische Geschichte und Kulturgeschichte im ausgedehntesten Masse hineingezogen.

Ich spreche hiemit meinen verbindlichsten Dank aus vor allem Herrn Prof. Oechsli, der mir neben der Anregung auch die Anleitung zu meiner Arbeit gab, dsgl. meinem verehrten Herrn Prof. Meyer von Knonau, Rektor der Universität Zürich, ferner meinem ehemaligen Lehrer Herrn Prof. Neumann in Strassburg, der mir während meines kurzen Aufenthalts in Strassburg (im März 1897) die Benutzung des „Instituts für Altertums-Wissenschaft" gestattete, ebenso den Herren cand. phil. Hünerwadel und Dr. Nabholz, die mir bei der Korrektur behülflich waren und den Bibliotheken in Zürich und der Universitäts- und Landesbibliothek in Strassburg.

Der Verfasser.

Benutzte Litteratur.

Caspar Zeuss, Die Deutschen und die Nachbarstämme. — München 1837.
Karl Müllenhoff, Deutsche Altertumskunde, Bd. II, S. 112—189 und S. 282—303. — Berlin 1887.
Wilh. Gisi, Quellenbuch zur Schweizergeschichte. — Bern 1869.
H. d'Arbois de Jubainville, Recherches sur la plus ancienne histoire des Teutons. In der „Revue Celtique", Bd. XII, S. 1—19. — Paris 1891.
R. Much, Die Südmark der Germanen, in den „Beiträgen von Paul und Braune", (Sievers), Bd. XVII, S. 1—10. — Halle 1893.
G. Kossinna, Die Sueben im Zusammenhang mit der ältesten deutschen Völkerbewegung. „Westdeutsche Zeitschrift", Bd. IX, S. 199—216. — Trier 1890.
K. Zangemeister, Zur Geschichte der Neckarländer in röm. Zeit. „Neue Heidelb. Jb.", Bd. III, S. 1—16. — Heidelberg 1894.
Mommsen, Römische Geschichte, Bd. II, S. 159—188. (8. Auflage). — Berlin 1889.
Nitzsch, Römische Geschichte, Bd. II, S. 121--127.
Ihne, Römische Geschichte, Bd. I, S. 168—192. (1. Aufl.). — Leipzig 1879.
Karl Neumann, Geschichte Roms während des Verfalls der Republik. — Breslau 1881.
Fel. Dahn, Urgeschichte der germanischen und romanischen Völker, Bd. II, S. 1 f. (Oncken'sche Sammlung). — Berlin 1881.
W. Oechsli, Die älteste Geschichte des Wallis. — Zürich 1896.
W. Oechsli, Zur Urgeschichte der Schweiz (Manuskript).
H. Peter, Die Quellen Plutarch's in den Biographieen der Römer. — Halle 1865.
H. Peter, Veterum Historicorum Romanorum reliquiæ. — Leipzig 1870.
M. Schanz, Geschichte der römischen Litteratur (2. und 3. Teil) im Handbuch zur klassischen Altertumswissenschaft. — München 1890 und 1896.
Curt Wachsmuth, Einleitung in das Studium der alten Geschichte. — Leipzig 1895.
Rh. Pallmann, Die Cimbern und Teutonen. — Berlin 1870.
B. Sepp, Die Wanderung der Cimbern und Teutonen. — Würzburger-Dissertation. 1882.
L.-J.-B. Bérenger-Féraud, Campagne de Marius en Provence. — Paris 1895.
Ettore Pais, Nuovi studi all' invasione dei Cimbri in „Studi storici", Bd. I. — Pisa 1892.

Weitere Schriften, die benutzt wurden, sind gelegentlich citirt.

Disposition.

	Seite
I. Kapitel. Einleitung und Orientirung über die Autoren	1

A. Bearbeitungen von Cellarius (1701) bis Pais (1892).
B. Quellen:
    1) verlorne, zeitgenössische Berichte (Römische und griechische, Posidonius).
    2) erhaltene: Cæsar, Livius etc.

II. Kapitel. Abstammung und Heimat der Cimbern und Teutonen   17
  A. Besprechung der Überlieferung von Posidonius und Cæsar bis auf Plutarch und Athenæus.
  B. Bekämpfung der Ansichten für das Keltentum der Cimbern und Teutonen oder nur der Teutonen (Sepp, Kossinna, Much).
  C. Heimat der Teutonen und der Cimbern.
    1) Plinius, Tacitus, Mela, Strabo, Augustus, Ptolemæus.
    2) Abweisung der müllenhoffschen Theorie betreffend die Wohnsitze der Cimbern und Teutonen.

III. Kapitel. Tiguriner und Ambronen 38
  A. Die Wohnsitze der Helvetier bis nach dem Cimbern- und und Teutonen-Zuge.
    1) Tiguriner (und Toygener).
    2) Art und Weise des Anschlusses der Helvetier.
    3) Berührung mit den Belgiern bis zum „iter in provinciam".
  B. Eintreten für das Germanentum der Ambronen.

IV. Kapitel. Darstellung (wissenschaftliche) des Cimbern- und Teutonen-Zuges 49
  A. Ursachen der Wanderungen. Posidonius.
  B. Die Schlacht bei Noreja und der Anschluss helvetischer Stämme.
  C. Ereignisse in Gallien bis zur Schlacht bei Arausio.
  D. Der Teutonenkrieg.
  E. Der Cimbernkrieg.

    Die Orthographie ist die neue schweizerische. Substantivirte Verben und Adjektiva sind durchweg klein geschrieben; statt „c" in der Regel „k" oder „z", jedoch beständig „Cimbern" (lateinisch) statt „Kimbern" (griechisch).

I. Kapitel.

Einleitung und Orientirung über die Autoren.

Der gewaltige Andrang nordischer Völker am Ende des 2. Jahrhunderts vor unserer Zeitrechnung gegen den morschen, im Innern zwieträchtigen und erschütterten römischen Staat, die Wanderungen dieser Scharen, die getrieben wurden von Übervölkerung und Hunger oder Wander-, Beute- und Abenteuerlust — dieses Vorspiel der Völkerwanderung, welches man allgemein als „Zug der Cimbern und Teutonen" bezeichnet, ist uns trotz seiner enormen Wichtigkeit so dürftig und zum Teil widersprechend überliefert, dass es sehr schwierig ist, sich über mehr als das allerwesentlichste die nötige Klarheit zu verschaffen und dass selbst darüber die Ansichten noch mehrfach schwanken.

Kein Wunder, dass dies Thema schon längst beliebter Gegenstand von kritischen Untersuchungen geworden ist. Diese kritischen Bearbeitungen beginnen mit dem Anfang des 18. Jahrhunderts und haben sich in mehr oder weniger grossen Zwischenräumen bis in die Gegenwart fortgesetzt.

In's vorige Jahrhundert fallen 3 Bearbeitungen.

1. „Dissertatio historica de Cimbris et Teutonis primis Romanorum e Germania hostibus" von Prof. *Cellarius* in Halle[1] (1701), mit noch unvollkommenem Material[2].

---

[1] Derselbe, der durch die Unterscheidung der Litteratur den Anstoss gab zur Einteilung der Geschichte in alte, mittlere und neuere.
[2] Sepp, S. 1.

2. Behandelte der „Altmeister deutscher Geschichtsforschung", *J. J. Mascou,* in seiner „Geschichte der Teutschen" denselben Gegenstand mit einer für seine Zeit überraschenden Gründlichkeit[1].

3. Machte *Joh. von Müller* die Cimbernkriege zum Gegenstand einer Jugendarbeit, betitelt „Bellum Cimbricum"[2], nach Müllenhoff[3], abgesehen von dem 1853 im britischen Museum entdeckten Granius Licinianus, eine ziemlich vollständige Zusammenstellung der Quellen. Allein über ein zusammenstellen und nebeneinanderreihen (zur Vergleichung) erhebt sich die Schrift nicht; die eigentliche Arbeit des Historikers hat Müller nicht getan.

In unserm Jahrhundert behandelte die Cimbern und Teutonen neben Karl Barth, Brommel, Duncker u. a. der hochverdiente *Caspar Zeuss* in seinem Buche „die Deutschen und die Nachbarstämme", ein Werk, von dem man mit Fug behaupten kann, es bleibe ewig jung; heute noch, 60 Jahre nach seinem erscheinen, muss man sich in gleicher Weise mit ihm auseinandersetzen, wie früher.

Von den wissenschaftlichen Darstellungen der Geschichte der römischen Republik haben wir zu berücksichtigen *W. Ihne, Karl Neumann, Nitzsch* und vor allem *Th. Mommsen,* der im 2. Band seines berühmtesten Werkes eine glänzende Schilderung von den „Völkern des Nordens" gibt. — *Wilhelm Gisi* hat in verdankenswerter Weise in seinem „Quellenbuch zur Schweizergeschichte" wie für alle übrigen Epochen so auch für die unsrige sämtliche irgendwie auf die Schweizergeschichte sich beziehenden Autorenstellen gesammelt und mit Einleitungen und Anmerkungen versehen.

Im Jahr 1887 erschien der 2. Band von *Müllenhoff's* „Deutscher Altertumskunde", dessen Schwerpunkt, wie im

---

[1] Sepp, S. 1.
[2] Turici 1772, später mit einem Nachtrag in Joh. v. Müller's sämtlichen Werken Bd. XII, Tübingen 1811.
[3] D. A. II, S. 121, Anm. 2.

Vorwort vom Herausgeber bemerkt ist, gleichsam zum 2000jährigen Gedächtnis des ersten Zusammenstosses der nordischen Völker mit den Römern[1], die kritischen Untersuchungen über die Cimbern und Teutonen bilden. Müllenhoff ist ein überaus gelehrter und scharfsinniger Forscher, der das Material beherrscht und verarbeitet wie kein zweiter; dennoch kann man sich mit seinen Ansichten und Resultaten nicht immer einverstanden erklären; denn mit so grosser Bestimmtheit sie auch stets entwickelt und vorgetragen sind, bleiben sie bisweilen von willkürlichen Annahmen und Schlüssen durchaus nicht frei. So hat Müllenhoff auch hier bereits seine Gegner gefunden, z. B. in dem gelehrten Keltologen *d'Arbois de Jubainville*, der in einem sehr korrekten und angenehm zu lesenden Aufsatz[2] Müllenhoff's These inbetreff der Heimat der Nordleute zu gunsten der mommsenschen verwirft, während er Müllenhoff's Ansicht vom ersten erscheinen der Teutonen (contra Mommsen) beistimmt. Auch in unwesentlicheren Dingen kann Müllenhoff häufig widerlegt und berichtigt werden. Immerhin ist der 2. Band der „Deutschen Altertumskunde" diejenige Arbeit, mit der wir am meisten zu rechnen haben; denn in Bezug auf Ausführlichkeit und Vollständigkeit steht sie von allen Behandlungen unseres Themas obenan.

Von Schriften, in denen die Cimbern und Teutonen gelegentlich zur Behandlung kommen, seien erwähnt „die Sueben" und der „Ursprung des Germanennamens", beides von *G. Kossinna*, und die „Südmark der Germanen" von *R. Much*, gegen deren Ansichten wir zum Teil zu polemisiren haben werden[3].

Endlich seien noch die neuesten Monographieen über die Wanderungen der Cimbern und Teutonen oder eines Teiles derselben erwähnt.

---

[1] 113 v. Chr. bis 1887 n. Chr.
[2] Revue Celtique Bd. XII, S. 1 ff.
[3] Die Meinung Kossinna's, dass die Teutonen Kelten seien, hat schon d'Arbois d. J. l. c. aus sprachlichen Gründen verworfen.

Rh. Pallmann widmet den Cimbern und Teutonen eine anregende Einzelschrift, die heute noch viel brauchbares bietet, wenn auch seine Pfahlbauten-Theorie als abgetan gelten darf, und die darauf beruhende Ansicht von vorneherein zu verwerfen ist, den nordischen Völkern hätte schon vor ihrem Aufbruche (in Jütland) Italien und die römische Hauptstadt als Ziel vorgeschwebt.

1882 erschien eine Würzburger Dissertation „die Wanderung der Cimbern und Teutonen" von *B. Sepp,* die eine ausserordentlich reiche, bis an's unnütze grenzende Materialsammlung (in den Anmerkungen) bietet; was aber die Darstellung des Zuges mit der Schlusshypothese betrifft, sowie die Betrachtung über das ethnographische Verhältnis der Cimbern und Teutonen mit dem Anhang „Posidonius", so ist zu bemerken, dass entweder die ganze Verarbeitung zu keinem Resultate führt oder dass die in der Darstellung entwickelten originellen „Vermutungen" auch nicht den geringsten Schein von Wahrscheinlichkeit für sich haben und mit ihrer mangelhaften Begründung in's ungeheuerliche hineingeraten. Wir wollen nur des wiederauflebens der sog. Schlacht am Léman (zwischen Tigurinern und Cassius Longinus), die denn doch seit Jahn und Mommsen begraben sein sollte, gedenken, und ferner wollen wir erwähnen, dass nach Sepp Cæsar vor der Schlacht mit Ariovist nur aus Kriegslist die Cimbern und Teutonen seinen entmutigten Soldaten gegenüber als Germanen bezeichnete und dass die Wanderung der Cimbern und Teutonen kein zusammenhängendes Ganze, sondern eine Reihe von unabhängigen Einzelzügen in sich begreife (Schlusshypothese).

Noch 2 Monographien sind in userm Jahrzehnt erschienen:

Ettore Pais „Nuovi studi all' invasione dei Cimbri"[1] und

---

[1] In „Studi storici" Bd. I, 1892, S. 141 ff. u. 293 ff.

Vorangegangen ist eine Einzelschrift (Brochure) desselben Verfassers: „Dove e quando i Cimbri abbiano valicate le Alpi per giungere in Italia e dove essi siano stati distrutti da Mario e da Catulo". Torino. Palermo 1891. Diese Schrift habe ich mir leider nicht verschaffen können; doch nehmen die Aufsätze in „Studi storici" unmittelbar darauf Bezug und sind nur weitere Ausführungen derselben.

L.-J.-B. Bérenger-Féraud „La campagne de Marius en Provence"[1].

Während Pais mit Aufwendung eines grossen wissenschaftlich-kritischen Apparates bestrebt ist, für den Einfall der Cimbern in Italien den bis jetzt allgemein als sicher geltenden Brenner-Pass zu verneinen und an seine Stelle einen Übergang in den karnischen oder kärntnerischen Alpen zu setzen, macht Bérenger die Teutonen in der Provence zum Gegenstande seiner Betrachtungen. Die Schrift füllt ein Buch aus von 545 Seiten, das mit einer eingehenden topographischen Schilderung der Provence beginnt; es folgt die Übertragung grosser Abschnitte aus Tacitus' Germania, eine Beschreibung der „Barbaren" (= Cimbern und Teutonen) mit dem schnellfertigen Schlusse, die Art dieser Cimbern und Teutonen stimme genau mit den „moribus Germaniæ" des Tacitus überein — also seien die Cimbern und Teutonen *germanische* Barbaren.

Nach einem Abschnitt „Marius" und der Übersetzung resp. Zitirung der hauptsächlichsten Quellen, folgt eine summarische Beschreibung des Zuges, von 113—102, nach Thierry, die von Unrichtigkeiten und Phantasieen geradezu wimmelt u. s. w. Was das Buch vielleicht brauchbares bietet, sind die topographischen Studien über die Schlacht von Aquæ-Sextiæ, verbunden mit der Berücksichtigung einer zahlreichen lediglich französischen Litteratur; wir sind leider nicht imstande, diese militärisch-topographischen Ausführungen im geringsten zu kontroliren, und müssen daher auf den dicken Band als Hülfsmittel verzichten.

Auch Pais' Studien sind vornehmlich topographischer Art; sie gehen darauf hinaus, die Schlacht auf den raudischen Feldern weit mehr nach Osten zu verlegen. Uns über seine Resultate eine eigene auf selbständiger Arbeit beruhende Meinung zu bilden, geht über den Rahmen unserer Aufgabe hinaus, so dass wir uns darauf beschränken werden müssen, am gegebenen Orte Pais' Hypothese von der Cimbernschlacht

---

[1] Paris, bei Ernest Leroux. 1895.

kurz anzuführen und die Anfechtungen zu erwähnen, die Pais bereits schon erlitten hat.

Wir sehen, die überaus zahlreiche Litteratur über die Cimbern- und Teutonenkriege hat die vielen, zum Teil äusserst schwierigen Fragen noch lange nicht zur Genüge gelöst. Wenn wir nun auch unserseits es versuchen, die an und für sich hochwichtige, ja welthistorische Epoche zu bearbeiten, so geschieht es hauptsächlich mit Rücksicht auf die Herkunft und Heimat der an den Wanderungen beteiligten Völker, zumal der Helvetier, deren Anschluss an die Cimbern und Teutonen nach Zeit und Ort auf eine andere Grundlage gestellt werden soll, als es bis jetzt geschehen ist.

Wir wollen der eigentlichen Behandlung unseres Stoffes eine Orientirung über die Überlieferung der Griechen und Römer, sowie über die Quellen der Autoren ihrerseits vorangehen lassen. Fragen wir nach den zeitgenössischen Berichten des Cimbern- und Teutonenkrieges, so kommen wir auf:

Sempronius Asellio, den ersten pragmatischen römischen Geschichtsschreiber,
M. Aemilius Scaurus,
Q. Lutatius Catulus, } die Memoirenschreiber,
L. Cornelius Sulla,
P. Rutilius Rufus, und
L. Cornelius Sisenna,

und für die nächstfolgenden Dezennien:

Valerius Antias,
Claudius Quadrigarius, } die sog. jüngern Annalisten.
Licinius Macer, und
Q. Aelius Tubero,

Alle diese Schriftsteller sind nun entweder gar nicht oder derart fragmentarisch vorhanden, dass sie für uns nicht die geringste Ausbeute liefern. Catulus und Sulla werden uns noch mehrfach begegnen, besonders in Bezug darauf, wie Plutarch sich zu ihnen verhält. Sisenna gelangt in seinem 1. Buche bis 91 a. Chr., kann also unsere Zeit nur ganz flüchtig berührt haben. Von den jüngern Annalisten wurde Licinius Macer, der auf Urkunden, den sog. „libri lintei" fussen soll, in seiner Glaubwürdigkeit sehr angezweifelt von Mommsen, der die „libri lintei" für gefälscht erklärt[1]. Claudius Quadrigarius hat einen guten Griff getan, dass er seine Geschichte erst mit dem gallischen Brande beginnen liess; das Urteil über ihn ist in der Regel günstig; sein Versuch, zu pragmatisiren, soll ernst zu nehmen sein[2]. Claudius Quadrigarius und Valerius Antias kommen für uns allein von den jüngern Annalisten, Catulus und Sulla allein von den zeitgenössischen Berichterstattern in Betracht, indem wir dartun werden, wie spätere, erhaltene Geschichtsschreiber aus ihnen geschöpft haben.

Hoch über diesen Memoirenschreibern und Annalisten steht aber ein Grieche, der zu den ersten Männern seiner Zeit gehörte und dessen Schriften bedauerlicherweise nur in Fragmenten auf uns gekommen sind zum grossen Nachteil seiner ganzen Zeitgeschichte — es ist der Fortsetzer des Polybius, Posidonius[3].

---

[1] Röm. Forsch., p. 93 ff. Vgl. Wachsmuth S. 630, Aum. 2.
[2] Wachsmuth, Schanz.
[3] Ihm hat Müllenhoff D. A. S. 126—130 eine eingehende Lebensbehandlung gewidmet, und nach ausführlichen, scharfsinnigen, quellenkritischen Untersuchungen des grossen Griechen Schriftstellerei beleuchtet und für die Abschnitte, die von den Cimbern und Teutonen handeln, sogar eine Rekonstruktion geschaffen, welche *Kærst* (Bursian 1889, 58. Bd., S. 346) im allgemeinen eine glänzende nennt.
Von andern, in neuerer Zeit über Posidonius erschienenen Schriften nimmt sich *Bauer*, Philol. N. F., Bd. I (Verhältnis Plutarch's zu Posidonius), nur Auseinandersetzungen über römische Eigennamen zum Gegenstand und *Schühlein's* Studien zu Posidonius Rhod. beziehen sich nur auf das Leben des Griechen.
Vgl. noch Arnold, Untersuchungen über Theophanes von Mytilene und Posidonius von Apamea (Leipz. 1882).

Posidonius v. Apamea, genannt der Rhodier, tritt uns entgegen als Gelehrter, ausgezeichnet ebenso durch die Gründlichkeit und Besonnenheit, wie durch den Umfang seiner Forschungen. Wir verdanken ihm die wichtigsten Nachrichten sowohl über die Nachbarländer und Völker Germaniens wie über die erste uns näher bekannt gewordene Bewegung der Germanen selbst[1]. Für die Rekonstruktion unseres Zeitabschnittes, wie ihn Posidonius darstellte, ist besonders wichtig Plutarch; aber auch in der auf Livius zurückgehenden Tradition lassen sich die aus Posidonius stammenden Bestandteile erkennen. Plutarch, Marius 11, gibt die von Posidonius begründete Auffassung der Wanderung der Cimbern wieder; zu seinen Berichten sind vor allem Strabo, p. 293 und Diodor V, 32, heranzuziehen. Die Darstellung des Posidonius ist aber bei Plutarch erst durch Korrekturen herzustellen:

1. Ist der „unüberlegte" Zusatz am Ende des 1. Abschnittes von Kap. 11, der sich der erst später allgemein herrschenden Meinung von der Herkunft und Abstammung der nordischen Völker erinnert, zu streichen;

2. ist dem Posidonius dagegen schon der Begriff eines eigentümlichen, nicht skythischen und nicht keltischen Volkes aufgegangen, nur fehlt ihm der unterscheidende Name dafür. — Wenn er von Germanen gewusst hätte, würde er nicht auf die Hypothese eines keltoskythischen Mischvolkes gekommen sein, nach Analogie von Keltoligyes (Diodor, Strabo), die auch verhältnismässig späten Datums sind. Der *Name* Germanen ist mit Sicherheit nicht über den Sklavenkrieg hinauf zu verfolgen; denn ein Excerpt des Athenæus, das den Namen „Germanen" enthält, ist als eine Interpolation aufzufassen[2].

---

[1] Kærst, l. c. S. 345.
[2] Siehe unten.

Etwas besser sind wir mit der spätern Überlieferung bestellt; doch auch über sie müssen wir sagen, dass sie zum Teil unvollkommen, dürftig und widersprechend ist. Unser erhaltenes Quellenmaterial ist in der Hauptsache folgendes:

Cæsar, de bello Gallico, Abschnitte aus B. I, II, IV und VII[1].
Livius, periochæ 63, 65, 67 und 68[2].
Vellejus Paterculus, II, 12[3], Florus I, 38, III, 3[4] ⎫ Epito-
Eutrop V, 1, 2[5] und Orosius V, 15 und 16[6], ⎭ matoren.
Strabo, VII, 1, 2, p. 292—294, p. 183, p. 191 und 214[7].
Diodor, V, 32 und 23 und Notizen aus B. 36 und 37[8].
Plinius, II § 167, IV, § 96—98, XXXVII § 35 und 36[9].
Tacitus, Germania[10] 37, 28, 35, 40 (auch K. 1).
Plutarch, Marius 11—27[11].
Appian, Keltike 13 und 14[12].

Dann vereinzelte Notizen aus den weniger wichtigen Livius-Epitomatoren Valerius Maximus, Jul. Obsequens und Granius Licinianus, aus Vegetius und Frontinus, Mela, Festus, Sallust (Jugurtha und Fragmente der Historien), Cicero, Cassius Dio, Ptolemæus und Athenæus, sowie aus dem monumentum Ancyranum.

1. *Cæsar.* Unser ältester Gewährsmann ist Cæsar, der Mann, der „ganz auf eigenen Füssen stand und selber Geschichte gemacht hat"[13]. Wachsmuth hätte noch besser

---

[1] Edit. Dinter, Teubner 1888.
[2] „ Madwig, Kopenhagen.
[3] „ Haase, Teubner 1884. 2. Ausgabe.
[4] „ Halm, „ 1879.
[5] „ Dietsch, „ 1883. 2. Ausgabe.
[6] „ Zangemeister, Teubner 1889.
[7] „ Meineke, „ 1877.
[8] „ Dindorf & Vogel, Teubner 1890.
[9] „ Detlefsen, Berlin, Weidmann 1866 und 1873.
[10] „ Halm, Teubner.
[11] „ Sintenis, Teubner 1891.
[12] „ Mendelssohn, Teubner.
[13] Wachsmuth S. 662.

gesagt, Cæsar stehe überall da, wo er selber Geschichte gemacht habe, ganz auf eigenen Füssen. Denn wo er Länder beschreibt, die er nicht aus Autopsie kennt, muss er notwendigerweise seine Gewährsmänner haben. Und unter diesen nennt er Eratosthenes mit Namen. „Den Posidonius aber, der etwa 30 Jahre früher geschrieben und von Cæsar mehrfach wörtlich ausgeschrieben worden ist, hütet sich letzterer wohlweislich, als seine Quelle zu nennen"[1]. Und auf Posidonius fusst Cæsar z. B. da, wo er das Gebiet vom Ursprung des Rheins beschreibt (IV, 10), eine Stelle, die wir in Betracht ziehen müssen. Sonst ist Cæsar aber überall, wo seine Mitteilungen für uns von Belang sind, selbständig.

2. *Livius.* Auf Cæsar folgt chronologisch Livius. Da wir von ihm nur die Periochæ haben, so kommen Livius' Ausschreiber, Vellejus, Florus, Eutrop und besonders Orosius in Betracht. Daneben gelegentlich Valerius Maximus, Granius Licinianus und Jul. Obsequens. Wer ist nun die Quelle des Livius und daher indirekt auch seiner Excerptoren? Orosius nennt V, 16, den Valerius Antias, einen Schriftsteller, der die trockene römische Annalistik mit Anekdoten schmückte und „in majorem populi Romani gloriam" sich aus Fälschung und Übertreibung kein grosses Gewissen gemacht hat[2].

Livius selbst zitirt den Antias im ganzen 35 mal[3], ist aber durchaus nicht überall von ihm abhängig; er polemisirt sogar oft gegen seinen Annalisten, besonders was die Zahlen betrifft, wo Antias in's ungeheuerliche zu übertreiben pflegt[4]. Sehen wir uns die Zahlen in unserm Gebiet an, z. B. in der epit. 68 (Cimbernschlacht) und vergleichen wir sie mit den Angaben Plutarch's, K. 27. Sie stimmen so ziemlich miteinander überein, die der Gefangenen ganz[5], die der Ge-

---

[1] Kossinna, „Ursprung des Germanen-Namens", Sievers, Bd. XX, S. 287/88.
[2] Wachsmuth, S. 629.
[3] Schanz I, S. 158.
[4] Schanz, II, S. 158. Peter, Rel. hist. Rom., S. 307.
[5] LXV und „$\dot{υ}πὲρ\ \dot{ε}ξ\ μυριάδας$".

fallenen annähernd¹. Stammen diese Zahlen bei Livius aus
Antias? Schwerlich. Müllenhoff ist selbst der Meinung, dass
Livius sich bei der Cimbernschlacht nicht an Antias hielt
(s. S. 12, Anm. 2); warum also das „traduntur" „dicuntur"
gerade hier auf Antias deuten soll² verstehen wir nicht,
zumal Livius so wie so in Zahlensachen sich nicht immer
auf den Annalisten stützt, wie wir eben bemerkt haben.
Selbst der „wenig kritische" Livius geht mit Quellen, wie
Antias, vorsichtig um, das dürfen wir mit Genugtuung konstatiren.

Zudem hat Livius ausser seinem Annalisten noch eine
andere Quelle benutzt, und das ist Posidonius. Wir verweisen hier wieder auf Müllenhoff, der gezeigt hat³, dass
die weitgehende Übereinstimmung des livianischen Berichtes
mit demjenigen Plutarch's auf, allerdings ungleiche, Ausziehung derselben gemeinsamen Quelle, nämlich der posidonischen, zurückzuführen ist. Die Darstellung der Teutonenschlacht ist in der livianischen Tradition (Orosius) verschieden
von Plutarch, beim Cimbernkrieg fusst aber Livius wieder
auf Posidonius⁴.

Wir sehen also, Livius hat eine Quelle 2. oder 3. Ranges
mit Vorsicht benutzt, sich daneben aber einer solchen
1. Ranges angeschlossen. Der Charakter der epitomæ (63,
65, 67, 68) scheint auch sehr zuverlässig; Widersprüche

---

[1] CXL und „δὶς τοσαῦται ἐλέγοντο".
[2] D. A. II, S. 149.
  „traduntur" = epitome 68. „dicuntur" = Orosius.
[3] D. A. II, 121 ff.
[4] Vide die oben S. 11 angeführte Übereinstimmung der Zahlen.
Bei der Angabe der Zahlen der bei Aquæ S. Gefallenen deutet das
„traduntur" allerdings auf den Antias (200,000 Tote, 90,000 Gefangene).
  Was aber die Cimbernschlacht betrifft, so soll nach Müllenhoff
Livius bei der Schilderung der Ereignisse nach Aquæ Sextiæ zu einem
zuverlässigern Gewährsmann gegriffen haben, um gerade dann sich
wieder der schlechtern Quelle anzuschliessen, wenn es sich um Zahlen
handelt. Wir könnten eher den Spiess umkehren und vermuten, dass
der Annalist auch für die Schlacht von 101 in den Zahlen ungeheuer
übertrieben und ungefähr gleich viel Tote etc. angeführt habe, wie
in der Schlacht im Jahr 102.

finden sich in ihnen nicht und was die Schadhaftigkeit der Texte betrifft, so ist es damit so schlimm nicht bestellt[1].

3. *Die Epitomatoren.* Von diesen bieten uns Florus, Eutrop und Orosius trotz vielfacher Misverständnisse, Flüchtigkeiten, Konfusionen und Übertreibungen manche schätzenswerte Details, und es ist interessant, einige der letztern mit den plutarchischen zu vergleichen. Den Cimbernkrieg gibt Orosius nach Posidonius-Livius im ganzen korrekt wieder, Florus aber hat ihn entstellt durch Misverständnisse und rhetorisch gefärbte Übertreibungen[2]. Eutrop's Bericht leidet an vielfachen Konfusionen; Vellejus' kurze Behandlung der Jahre 103—101 ist dagegen vollständig richtig[3].

Den übrigen Epitomatoren haben wir wenig zu verdanken. Valerius Maximus schrieb seine Auszüge hauptsächlich „in declamantium usum"[4]; wir können seine Notizen nur zur Kontrole und Bestätigung verwenden; von Obsequens' Wundererscheinungen haben wir einige Sätze, von denen sich dasselbe sagen lässt; Granius Licinianus stimmt mit der epitome 67 vollständig überein.

4. *Strabo.* Für uns ist, speziell was die Beteiligung helvetischer Völkerschaften am Zuge betrifft, hochwichtig das VII. Buch der Geographie, p. 292—294. — P. 293 zitirt

---

[1] Wir lesen *epit.* 65 natürlich mit Jahn (Mommsen) Nitiobrigum. *Epit.* 67 „in Bellovacis" oder „in Vellocassis" oder „in bellicosis", nur nicht in „imbellicosis", was ja für die Teutonen unmöglich ist.
Die Lesart „Ambronibus" zu verwerfen, wird keiner Begründung bedürfen.
Epit. 68 korrigiren wir die kleine Lücke: „qui fauces Alpium obsidebat, flumenque Athesim, et manum quæ castellum editum insederat, reliquerat, quæ tamen . . . . . . (Müllenhoff).

[2] Müllenhoff S. 122 und 137—150.

[3] Wie das ursprünglich ausführlicher angelegte Werkchen so abgerissen wurde, ist bekannt. Gelegenheit zu subjektiver Färbung, wie in der Darstellung der Zeitgeschichte hatte Vellejus hier nicht. Seine Quellen sind nach *Kaiser*, „de font. Vell. Pat.", Berl. Diss. 1884, bis zum Bürgerkrieg das Handbuch des T. Pompon. Atticus, dann Cicero, Livius, Sallust und die Dichter.
Also haben wir in II, 12, Livius zu suchen.

[4] Wie er auch selbst gesteht. Vgl. Krieger Diss., und Schanz.

Strabo seinen Gewährsmann Posidonius. Interessant ist eine Nebeneinanderstellung und Vergleichung strabonischer und diodorischer Stellen, wann sie augenscheinlich auf der posidonischen Quelle fussen: Strabo kürzer und präziser, Diodor ausführlicher, wortverschwenderischer und geschwätziger. Ein eklatantes Beispiel ist die Kulturschilderung, die beide von den Galliern geben[1].

5. *Diodor* hat im 35. und 36. Buche seiner „Bibliothek" unsern Gegenstand behandelt, wovon aber so gut wie nichts mehr übrig ist. Im 32. Kapitel des V. Buches tritt so recht hervor, wie Diodor seine Gewährsmänner versteht; Müllenhoff hat an diesem „Skribenten" eine scharfe Kritik geübt, und das gewöhnliche Urteil über ihn als Historiker von äusserst geringem Werte noch verschärft. Dagegen muss sein Wert betont werden in den wichtigen, zum Teil vortrefflichen Quellen, die er benutzt hat und die er, im Gegensatz zu Plutarch und Strabo, wörtlich ausschreibt, abgesehen von einigen eigenen Zutaten in dem Falle, wo er sich im Besitz einer neuen Kunde zu befinden glaubt. Eine gewisse Individualität können wir aber Diodor nicht absprechen. Freilich heisst es, diese individuellen eigenen Zutaten vom entlehnten streng zu sondern, und darin hat Müllenhoff, im Einverständnis mit einer Konjektur von Zeuss, den Weg gebahnt, vor allem in der Analyse des Anfangs von Kapitel 32[2], wo Diodor die nach seiner Meinung geistreiche, „bei den meisten noch nicht bekannte" Scheidung von Κελτοί und Γαλάται (links- und rechtsrheinische Völker) vornimmt. Diesem Kapitel liegt Posidonius zu grunde; Kapitel 23, das für uns sehr wichtig ist (S. 30), aber schreibt der Sikuler seinen Landsmann Timæus von Tauromenium aus, indem er von der Bernsteininsel Basilia spricht[3].

---

[1] Ausser auf Posidonius fusst aber Strabo auch vielfach auf Cæsar, so p. 191 (s. S. 18, Anm. 3).
[2] Müllenhoff, S. 177—182.
[3] Vgl. dazu Plinius B. 37, § 36: „Huic et Timæus credidit, sed insulam Basiliam vocavit".
Darüber eingehend unten S. 29 ff.

6. *Plinius* ist für die Länder- und Völkerkunde Germaniens sehr wichtig; er kennt das Land aus eigener Anschauung, und so müssen wir auf seine Nachrichten, die er besonders in B. IV gibt, hohen Wert legen; er steht meistens auf eigenen Füssen, wie Cæsar. Wo er Meinungen und Berichte früherer Schriftsteller anführt, nennt er seine Gewährsmänner stets mit Namen, so Metrodorus, Pytheas, Timæus in B. XXXVII.

7. *Tacitus* berichtet über unsern Zeitabschnitt sehr kurz. Des grossen römischen Geschichtsschreibers Zeugnisse in Kapitel 1, 28, 35, 37 und 40 der Germania sind aber sehr wertvoll[1], wenn er auch (Germania 37), wo er von den Niederlagen des Carbo (113), Cassius (107), Aurelius Scaurus (105), Servilius Cæpio (105) und Mallius Maximus (105) redet, etwas summarisch verfährt. Scaurus war 105 Consular und blos Legat; der Vernichtung des M. Junius Silanus (109) gedenkt Tacitus nicht.

8. *Plutarch.* Es ist uns nicht gelungen, aus den überaus zahlreichen Monographieen über diesen fruchtbarsten aller Geschichtsschreiber und Biographen eine einzige zu finden, die den Marius und speziell die Quellen zu dieser Lebensbeschreibung sich zum Gegenstand nimmt[2]. Allein wir glauben, die sehr eingehende, gründliche und scharfe Kritik Müllenhoff's habe hierin das ihrige getan[3]. Die ersten angeführten 40 Seiten behandeln das Verhältnis von Plutarch (und von Livius, siehe oben) zu Posidonius im allgemeinen. Plutarch fusst in den Kapiteln 11—27 des Marius fast durchweg auf Posidonius. Kapitel 11 hebt die ausführlichste Überlieferung unserer Epoche an, freilich nur die letzten Jahre umfassend. S. 167—77 analysirt Müllenhoff das interessanteste Kapitel und findet scharfsinnig eigene Zutaten Plutarch's

---

[1] Kap. 40 führt er „Nuithones" an, wo wahrscheinlich an Teutones zu denken ist (S. 29).
[2] Bauer, Verhältnis Plutarch's zu Posidonius, legt das Hauptgewicht auf die Disputation über die Eigennamen, in Mar. 1.
[3] D. A. S. 121—162 und 167—177.

heraus, vor allem den eingeschobenen Satz, die Völker des Nordens seien nach damaliger Vermutung Germanen gewesen[1]. Des Chäroneers Verstand und Gewissenhaftigkeit bei seiner Schriftstellerei wird von Müllenhoff überhaupt sehr ungünstig, viel zu schroff beurteilt. Der geschichtliche Wert Plutarch's hängt vor allem davon ab, ob er gute oder schlechte Quellen benutzt hat, und für unsere Kapitel bleibt nach Abzug dessen, was aus Sulla und Catulus stammt[2] und dessen was wahrscheinlich aus Livius genommen ist[3], den Plutarch kannte, bleibt nach Ausscheidung alles diesen als Hauptquelle die Darstellung des grossen Geschichtsschreibers „μετὰ Πολύβιον" allein übrig[4]. Diesen gibt Plutarch im allgemeinen zuverlässig wieder, und auf einzelne Wendungen, wie „ἄλλοι δέ φασιν" und „εἰσὶ δὲ οἵ", womit er seinen Gewährsmann zu verleugnen scheint, ist kein allzu grosses Gewicht zu legen[5].

9. Appian. Die Darstellung des Alexandriners in Keltike 13 und 14 ist schon deswegen merkwürdig, weil Appian nur von Teutonen spricht, und es ist eine wichtige Frage, woher der Compilator κατ' ἐξοχήν den Stoff für unsere Zeit her hat. Vom Jahre 60 an schöpft er aus Asinius Pollio

---

[1] „Καὶ μάλιστα μὲν εἰκάζοντο, Γερμανικὰ τῶν καθηκόντων ἐπὶ τὸν βόρειον ὠκεανὸν εἶναι τοῖς μεγέθεσι τῶν σωμάτων καὶ τῇ χαροπότητι τῶν ὀμμάτων, καὶ ὅτι Κίμβρους ἐπονομάζουσι οἱ Γερμανοὶ τοὺς λῃστάς."
Auf diesen Anhang zum 1. Abschnitt von Kapitel 11 werden wir noch zurückkommen. S. 20, Anm. 4.
Was Plutarch hier sagt, ist allerdings nicht richtig; zu seiner Zeit ja hielt man die Cimbern und Teutonen für Germanen, aber nicht anno 105 (auch nicht vermutungsweise, „εἰκάζοντο"), als noch niemand Kelten und Germanen zu unterscheiden wusste.
[2] Was sehr leicht ersichtlich wäre, auch wenn Plutarch keine Namen nennen würde. Darüber S. 58.
[3] Nämlich das was speziell stadtrömische Verhältnisse betrifft und die Anekdoten in Kapitel 17, die nicht von Belang sind.
[4] Plutarch zitirt den Posidonius übrigens gleich zu anfang von Kapitel 1 des Marius.
[5] Müllenhoff S. 171, 172 sucht hier wieder gewiss mehr als dahinter steckt; wir sehen in dieser Ausdrucksweise nichts anderes als das Bestreben, die Perioden mit Abwechslung einzuleiten.

und zwar direkt, wie dies von Kornemann[1] sehr einleuchtend bewiesen worden ist; aber Asinius Pollio reicht eben nur bis zum Jahre 60 hinauf. Illyr. 4 gibt Appian eine sagenhafte Vorgeschichte der Cimbern[2], wohl aus Posidonius entnommen, wie das, was Plutarch-Marius 11 und Diodor V, 32 erzählen. Dagegen Keltike 1 zitirt er einen Verfasser von „χρωνικαὶ συντάξεις", also einen Annalisten und nennt „Paulus Claudius"[3]. Und ganz nach der Weise der Annalisten ist auch sein trockener Bericht über Carbo und die Schlacht (bei Noreja, das Strabo p. 214 nennt). Den Annalisten zu erraten, wird nicht schwer fallen, in Anbetracht der oben zitirten Stelle, wo anlässlich des Kampfes zwischen Cæsar und den Helvetiern an die römische Niederlage von 107 erinnert wird und man ist auch mit ziemlicher Sicherheit auf Claudius Quadrigarius gekommen[4]. Jedenfalls ist es sehr zu bedauern, dass von Appian nur das kleine Fragment auf uns gekommen ist; die Vermutung liegt nahe, dass er an geeigneter Stelle zu Posidonius gegriffen, und seine Ausschreibung würde einen willkommenen Vergleich bieten zu der Art und Weise, wie die 3 oben behandelten Griechen, Strabo, Diodor und Plutarch ihren grossen Vorgänger „μετὰ Πολύβιον" ausgeschrieben.

Wir sehen nun, dass sich in Bezug auf die Quellen unserer Überlieferung fast alle Fäden auf den grossen Griechen konzentriren, dessen Verlust einer der grössten und bedauernswertesten ist, den die Geschichte zu verzeichnen hat, auf Posidonius.

---

[1] „Die historische Schriftstellerei des Asinius Pollio", in Fleckeisen's Jahrbuch Bd. XXII.

[2] „Μαλιστόμῳ γὰρ αὐτοὺς καὶ Κελτοῖς τοῖς Κίμβροις λεγομένοις ἐπὶ Δελφοὺς συστρατεῦσαι".

[3] „Καῖσαρ δὲ, πολεμήσας αὐτοῖς πρῶτον μὲν Ἐλουητίους καὶ Τιγυρίους ἀμφὶ τὰς εἴκοσι μυριάδας ὄντας ἐνίκησεν. Οἱ Τιγύριοι δ'αὐτῶν χρόνῳ ἔμπροσθεν Πίσωνος καὶ Κασσίου τινὰ στρατὸν ἑλόντες ὑπὸ ζυγὸν ἐξεπόμφεσαν, ὡς ἐν χρονικαῖς συντάξεσιν δοκεῖ Παύλῳ τῷ Κλαυδίῳ."

[4] Sepp, S. 41, Anm. 6. Peter, veterum histor. Roman. reliquiæ S. 299.

Das „Paulus" ist wahrscheinlich verschrieben für „Quintus". Einen „Claudius Paulus" aber, der Annalen geschrieben (Müllenhoff, S. 292), haben wir weder in „Schanz" noch in „C. Wachsmuth" gefunden.

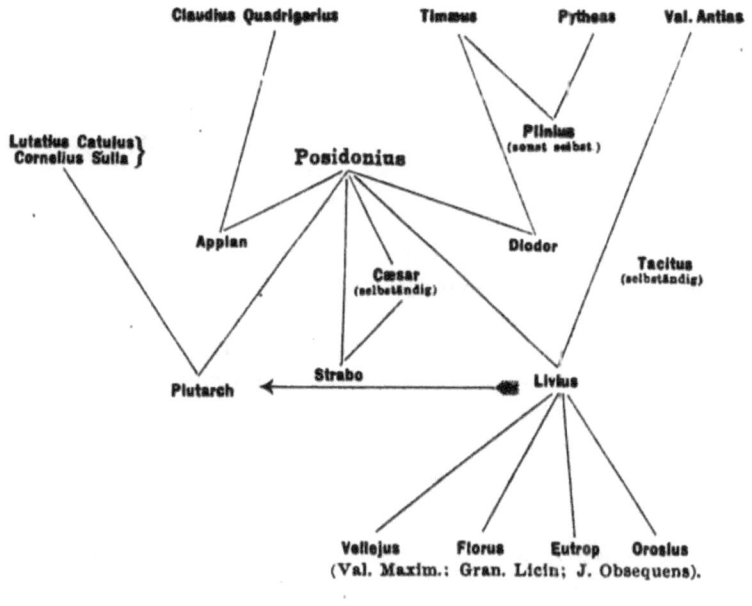

II. Kapitel.

Abstammung und Heimat der Cimbern und Teutonen.

Wie uns die Betrachtung der Autoren gezeigt hat, stammen die vorhandenen Nachrichten über unser Thema meist aus viel späterer Zeit; zudem ist die Überlieferung, schon was die Abstammung und Heimat der Cimbern und Teutonen betrifft, nicht nur trümmerhaft, sondern voller Widersprüche. Die erste zu untersuchende Frage ist die: Waren die Cimbern und Teutonen Germanen, war das eine Volk germanisch und das andere keltisch oder waren beide Stämme keltisch?

Die älteste Überlieferung spricht von den Cimbern und Teutonen als Kelten:

1. Sallust, de bello Jugurthino, c. 114 [1].
2. Cicero, de oratore, de re publ., de prov. consul., überhaupt immer, wenn er von Cimbern und Teutonen spricht, obwohl er den Namen Germanen kennt.

Die Epitome des Livius nennt die Abstammung der Cimbern nicht; dagegen sprechen sich die 4 bedeutendsten Excerptoren näher über die Wandervölker aus[2].

Daraus erhellt, dass Livius jedenfalls von Galliern *und* Germanen als Teilnehmer am Zuge gesprochen haben muss, wenn auch vielleicht nur zusammenmengend, ohne klare, bestimmte Unterscheidung. Dagegen ist *Cæsar* der erste, der von den Cimbern und Teutonen, so oft er sie nennt, ausdrücklich als von Germanen redet[3].

2. *Mela* redet von einem ungeheuren Meerbusen jenseits der Elbe, dem „sinus Codanus", dessen Anwohner die Cimbern und Teutonen seien[4].

3. *Plinius* zählt die Cimbern und Teutonen zu einem seiner 5 Hauptstämme der Germanen, den Ingväonen[5].

---

[1] In den Historien bedient sich Sallust des Namens Germanen, mengt sie aber wie ersichtlich durcheinander mit den Galliern: „Crixo et gentis ejus Gallis atque Germanis obviam ire". (Vgl. Müllenhoff S. 155). Das gleiche tut auch Cicero.

[2] *Vellejus:* „Vis Germanarum gentium quibus nomen Cimbris ac Teutonis erat".
Florus: „Cimbri, Teutoni, Tigurini ab extremis Galliæ profugi".
Eutrop: „Cimbri, Teutoni, Tigurini et Ambrones quæ erant Germanorum atque Gallorum gentes".
Orosius: dasselbe, nur „Gallorum Germanorumque gentes".

[3] B. g. I, 33. 40; II, 4; VII, 77, auch bei Strabo IV, 4, 3 p. 195: „ὥστε μόνους ἀντέχειν πρὸς τὴν τῶν Γερμανῶν ἔφοδον, Κίμβρων καὶ Τευτόνων" (nämlich die Belgier). Hier hat Strabo nicht den Posidonius, sondern Cæsar II, 4 vor sich. Es ist das einzige mal, wo sich bei Strabo das Wort „Teutonen" findet, sowie die Bezeichnung der Wandervölker als „Γερμανοί".

[4] „In eo sunt Cimbri et Teutoni". Vgl. Müllenhoff S. 284 und 153 f.

[5] B. IV, § 98.

4. *Tacitus* tut dasselbe[1]; er spricht zwar nur von den Cimbern, gegenüber denen ja auch die übrigen Teilnehmer am Zuge so oft verschwinden; aus der Einleitung zu Germ. 37 geht hervor, dass sie Tacitus neben den Chauken (in der heutigen Provinz Hannover und in Oldenburg) auf die sog. cimbrische Halbinsel versetzt. Von dieser spricht

5. *Ptolemæus* und versteht unter ihr Jütland und Dänemark[2].

6. *Strabo* ist der Meinung, dass die Cimbern noch jetzt das Land inne hätten, das sie früher bewohnt, d. i. den cimbrischen Chersones, den er unmittelbar vorher erwähnt[3]. Mit ihnen stimmt überein das

7. *Monumentum Ancyranum*[4] und

8. *Athenæus*, der dabei den Posidonius zitirt[5]. Der Alexandriner spricht aber nicht von Cimbern und Teutonen, sondern von Germanen überhaupt. Hat er damit die Cimbern und Teutonen gemeint? Aller Wahrscheinlichkeit nach ja; denn das 30. Buch des Posidonius führt offenbar auf das Jahr 113, und das Fragment ist „einer ethnographischen

---

[1] Germ. 37.
[2] B. II, c. 11, § 2: „ἡ χερσόνησος Κιμβρική".
[3] „Καὶ γὰρ νῦν ἔχουσι τὴν χώραν, ἣν εἶχον πρότερον etc. — ὅτι χεῤῥόνησον οἰκοῦντες" — p. 293.
[4] „Cimbrique et Charydes et Semnones et ejusdem tractus alii Germanorum populi per legatos amicitiam meam et populi Romani petierunt" und unmittelbar vorher: „cla[ssi qui præerat meo jussu] ab ostio Rheni ad (s)olis orientis regionem usque ad [fines Cimbroru]m navigavit, quo neque terra neque mari quisquam Romanus ante id tempus adit" Cimbrique . . . .

Müllenhoff S. 285 will „die zweite grössere Lücke von ungefähr 14 Buchstaben" mit „ad [Scythicam plaga]m" ergänzen; Mommsen aber, der früher damit „nichts anzufangen wusste", ergänzt „fines Cimbrorum", indem er mit Recht darauf hinweist, dass der griechische Text „ἔθνους Κίμβρων" laute.

Vide d'Arbois de Jub. Rev. Celt. XII, S. 305.

[5] Athen. p. 153: „Γερμανοὶ δὲ, ὡς ἱστορεῖ Ποσειδώνιος ἐν τῇ τριακοστῇ ἄριστον προσφέρονται κρέα μεληδὸν ὠπτημένα καὶ ἐπιπίνουσι γάλα καὶ τὸν οἶνον ἄκρατον".

Einleitung entnommen"[1]. Die Bezeichnung „Germanen"
aber hat Athenæus entweder bei seinem Gewährsmann gefunden oder von sich aus interpolirt; das erstere führt zum
Schluss, dass *Posidonius* — nicht Cæsar — die Bezeichnung
Germanen zum ersten mal angewandt und die Cimbern
darunter verstanden habe; das letztere beweist, dass Posidonius den *Namen* Germanen *nicht* gekannt hat[2], mag er
auch die Cimbern als Nicht-Kelten ausdrücklich betrachtet
haben; denn ausser in diesem einzigen Fragment findet sich
die Bezeichnung „Germanen" in der ganzen posidonischen
Überlieferung nirgends.

Bei Athenæus würde man das erstere erwarten; denn
er schreibt seine Autoren sehr wörtlich aus, und steht in
dieser Hinsicht einem Diodor und Appian durchaus nicht
nach. Anderseits ist der Fall keineswegs unmöglich, dass
auch Athenæus, wie andere seinesgleichen, gerne hin und
wieder aus seiner eigenen Gelehrsamkeit heraus etwas
ergänzen resp. interpoliren wollte. Müllenhoff nimmt dies
an, und wir glauben mit Recht[3]. Athenæus hat bei Posidonius „Keltoskythen" oder „Cimbern" oder etwas ähnliches
gefunden und dafür „Germanen" eingesetzt[4].

Zum Schlusse wollen wir inbetreff der Zeugnisse der
Alten noch 9. *Plutarch* anführen, den wir absichtlich zuletzt

---

[1] Müllenhoff S. 153 unten.
[2] Wenigstens in seinem ersten Werke „μετὰ Πολύβιον".
[3] Müllenhoff D. A. II, S. 154—162, sucht nachzuweisen, dass der
Name (die Bezeichnung) Germanen erst um den Sklavenkrieg (73 a. Chr.)
aufgekommen sei, und uns scheint mit triftigen Gründen.
Zu Müllenhoff's Beweisführung möchten wir noch hinzubringen,
dass sich auch in den Plutarch-Biographieen Sulla und Sertorius, die
wir durchgangen haben, das Wort „Γερμανοί" nirgends findet. Der
Zusatz Plutarch's stammt aus einer Zeit, welche die Germanen durch
und durch kennt, wie ein Tacitus und Plinius.
Das will aber gar nicht heissen, dass Posidonius die Cimbern
als Kelten betrachtet habe; im Gegenteil, er unterscheidet sie von
diesen, nur gibt er ihnen nicht den Namen „Germanen", sondern bezeichnet sie als Mischvolk, Keltoskythen. Siehe unten, S. 21.
[4] Also damit das richtige getroffen, während sonst derartige
Interpolationen oder Zusätze von seiten der Ausschreiber meist Verschlimmbesserungen bedeuten, wie wir gleich unten bei Plutarch,
Mar. 11, sehen werden.

erwähnen, weil wir durch ihn hauptsächlich die Auffassung des Posidonius erfahren. Wir knüpfen an an den Anhang des I. Abschnittes vom denkwürdigen Kapitel 11 des Marius[1], den Müllenhoff mit Recht als eigene Zutat Plutarch's betrachtet[2]. Dass Plutarch's Behauptung, man habe angenommen, diese Scharen seien Germanen gewesen, für das Jahr 105[3] unmöglich ist, wurde bereits betont. Zudem befindet sich der Anhang im Widerspruch mit dem folgenden, dem 2. Abschnitt von Kapitel 11[4]. Plutarch erzählt hier, dass das sog. Keltien sehr gross sei, bis über den Pontos an Skythien stosse und dort die Stämme gemischt seien[5], und obwohl die jährlich ausziehende Menge[6] im einzelnen viele Namen führte[7], nenne man sie insgesamt Keltoskythen. Dass diese plutarchischen Keltoskythen Posidonius' Eigentum sind[8], beweist Strabo, bei dem sich dieselbe Bezeichnung auch findet[9].

Mit wem diese Keltoskythen identisch sind, liegt auf der Hand, und Posidonius würde nicht auf die Hypothese eines Mischvolkes gekommen sein, wenn er das Wort „Germanen" gekannt hätte.

Posidonius selbst mit seinen Keltoskythen ist also ein neuer Gewährsmann für das Germanentum, wenigstens der Cimbern, und mit ihm Plutarch, der von sich aus in dem mehrfach erwähnten „Anhang" zum 1. Abschnitt von Kapitel 11 des Marius die einbrechenden Völkerscharen zu den Germanen rechnet. Somit haben wir fast alle Zeugnisse der Alten für das Deutschtum (wenigstens der Cimbern):

---

[1] „Καὶ μάλιστα μὲν εἰκάζοντο, Γερμανικὰ γένη εἶναι" . . . . . . etc. Vide S. 15, Anm. 1.

[2] „Und zwar ein recht törichter unüberlegter Zusatz Plutarch's". Müllenhoff S. 169.

[3] Denn es handelt sich um die Zeit, da Marius den Oberbefehl erhält.

[4] „εἰσὶ δ'οἳ τὴν Κελτικὴν διὰ βάθος χώρας καὶ μέγεθος . . . ." etc. Wer unter dem „εἰσὶ δ'οἳ" zu verstehen ist, ist klar. Vide S. 16, Anm. 2.

[5] „Κ'ακεῖθεν τὰ γένη μεμίχθαι".

[6] Nämlich von den Kimmeriern, die nach Griechenland zogen, bis zu den Cimbern.

[7] „Πολλὰς κατὰ μέρος ἐπικλήσεις ἐχόντων".

[8] Trotz Plutarch,s „εἰσὶ δ'οἳ . . ."

[9] p. 33 und 507; bei Müllenhoff abgedruckt S. 171, Anm. 2.

Posidonius, der nur die richtige Bezeichnung noch nicht kannte[1], Cæsar, der als erster Kelten und Germanen genau unterschied und die Cimbern und Teutonen immer konsequent zu den letztern zählt, Strabo[2], Augustus, Vellejus, Mela, Plinius, Tacitus, Plutarch, Ptolemæus und Athenæus[3]. Auch Livius muss mit Galliern Germanen genannt haben, nach Vellejus, Eutrop und Orosius. Wenn Florus sagt, „ab extremis Galliæ profugi", so ist dies kein Zeugnis gegen die germanische Abstammung; denn jene Worte sind zu fassen als „vom hohen Norden"[4], und wenn Cæsar der erste ist, der sich des Unterschiedes zwischen Kelten und Germanen klar bewusst wurde, so können Sallust und Cicero für die Abstammungsfrage der Cimbern und Teutonen nicht in Betracht kommen; wenn endlich ein Granius Licinianus, ein Rufus Festus oder ein Julius Exuperantius noch „dem alten Sprachgebrauche"[5] folgen, so hat das nichts zu bedeuten.

Gestützt auf alle diese Zeugnisse halten wir die germanische Abstammung der Cimbern (und auch der Teutonen) für ausgemacht[6] und wollen uns daher mit den wenigen Stimmen auseinandersetzen, die in neuerer Zeit gegen das Germanentum beider oder wenigstens der Teutonen sich erhoben haben.

Sepp, der gern alle 4 Hauptvölker, Cimbern, Teutonen, Tiguriner und Ambronen zu den Kelten gerechnet wissen

---

[1] Dass er von den Cimbern als „Κελτοί" gesprochen, wie Kossinna (Sievers XX, S. 298) glaubt, ist nicht richtig.

[2] Durch die angeführten Worte „Καὶ γὰρ νῦν ἔχουσι τὴν χώραν ἣν εἶχον πρότερον".

[3] Ausserdem noch Agrippa, Trogus Pompejus bei Justin 38, 3, 4, Seneca, consol. ad. Helv. 6, 9, Valerius Maximus 2, 2, 3.

[4] Redet doch noch Dio Cassius immer noch von Κελτική und versteht unter Κελτοί stets Germanen.
Wie Florus ist Eutrop 4, 25 zu verstehen: „Nuntiatumque Romæ est, Cimbros e Gallia in Italiam transisse."
Vgl. d'Arbois de Jubainville S. 19.

[5] Müllenhoff S. 158.

[6] Mit Zeuss, Müllenhoff, Gisi, Mommsen, Ihne, Dahn, d'Arbois de Jubainville, Pallmann, und Kossinna } für die Cimbern.
Much

möchte[1], kann sich nur auf Orosius, Florus, Eutrop, Dio (!), Sex. Rufus, Cicero und Sallust berufen, welche Stellen wir oben genügsam erörtert haben; wir wollen Sepp nur seine eigenen Worte entgegenhalten: „Dazu kommt, dass noch immer den Berichten von Autoren, deren Glaubwürdigkeit nur gering ist, dasselbe Gewicht beigelegt wird, wie der Erzählung Plutarch's und der Epitome des Livius"[2] und fügen unserseits hinzu: „und den Angaben eines Cæsar, Plinius und Tacitus!" Der Einwand, dass die Bewaffnung der cimbrischen Reiterei in der Schlacht bei Vercellæ von der Einfachheit der germanischen schroff abstosse[3], macht freilich auf den ersten Blick Schwierigkeiten. Müllenhoff hat hier einen Ausweg gefunden mit der sehr einleuchtenden Bemerkung, dass die Cimbern sich diese gallischen Rüstungen auf ihrem 12jährigen Zuge in immer keltischem Gebiet erst zugelegt hätten, zum grossen Teil zugelegt haben müssen[4]. Auf Bemerkungen, wie, die Römer hätten die Kelten seit dem gallischen Brande auf's genaueste gekannt, daher von diesen verschiedene Stämme (wie Germanen) sofort unterscheiden müssen[5], und Cæsar habe vor der Schlacht mit Ariovist sich nur einer „erlaubten Kriegslist" bedient, um seine verzagten Söldaten zu ermutigen[6] u. s. w. treten wir nicht ein. — Dass die Priesterinnen der Cimbern, wie sie Strabo p. 294 schildert, eher grausenhaften Hexen als germanischen Jungfrauen gleichen[7], ist sehr richtig; allein ist es nicht bekannt, dass Menschenopfer, besonders die Abschlachtung gefangener

---

[1] S. 33—35 und S. 70, Anm. 1.
[2] S. 4. Allgemeine methodische Bemerkung Sepps (in seiner Einleitung).
[3] S. 74, Anm. 7.
[4] Müllenhoff S. 145, Anm. 2.
[5] Sepp S. 71/72.
Der Unterschied zwischen den beiden arischen Völkern ist durchaus nicht sehr gross und sofort in die Augen stechend, und „bei der stolzen Gleichgültigkeit, mit der der Römer auf die nationalen Eigentümlichkeiten fremder Völker blickte, erschienen sie ihm eben einfach als nordische Barbaren"; (Ihne, R. G. V, 174) und zwar, fügen wir hinzu, „ab extremis Galliæ profugi". Übrigens *hat* sie ja die Überlieferung (Posidonius) unterschieden, nur nicht mit dem richtigen Namen!
[6] Sepp, S. 72, Anm. 2.
[7] Grimm, deutsche Mythol. S. 86. Sepp zitirt die Stelle bei Grimm.

Feinde[1], bei den Germanen etwas gewöhnliches waren? Ein Gegenstück übrigens zu diesen „grausenhaften Hexen" ist die Schilderung des verzweifelten Verteidigungskampfes und des heldenmütigen Todes der teutonischen, ambronischen und cimbrischen Frauen, sowie die rührende Bitte der erstern, Dienerinnen der Vesta werden zu dürfen[2]. Schliesslich kommen wir noch auf einen wichtigen Punkt, die keltische Form der cimbrischen Fürstennamen. Jawohl sind sie keltisch überliefert, aber sonst rein deutsch; denn[3]

Bojorix = Baiarîk,
Cæsorix = Gaisarîk, Geiserich,
Claodicus = Hludihho, Ludwig,
Lugius = ein deutscher Volksname, Zwillingsbruder des Rugius,
Teutoboduus = Deotbato ($\lambda\alpha\acute{\upsilon}\mu\alpha\chi o\varsigma$).

Wie steht es dagegen mit den Volksnamen „Cimbern" und „Teutonen" selbst? Die Erklärung von Zeuss, Cimbern hange mit „kimpan" (altn. „kippa" = raptare, colligere) zusammen, geht aus von der mehrfach zitirten Stelle Plutarch's[4], und hat sich bis jetzt auf keinerlei Art bestätigt. Müllenhoff hält den Namen entschieden für nicht germanisch; Holder gibt keine linguistische Erklärung des Wortes[5]. Sehr wahrscheinlich ist das Wort, wenn nicht an und für sich

---

[1] Man denke an die Varusschlacht.
[2] Mar. 19 und 27. Florus, Orosius.
[3] Zeuss S. 143, Anm.; 146. Müllenhoff S. 119—121. Holder, Altk. Sprachschatz, der heute leider nur bis „Livius" reicht, kennt einen Cæsorix und Claodic. nicht, dagegen „Bojorix" (S. 468) Anführer der ital. Bojer.
[4] Zeuss, S. 141, Anm. „Καὶ ὅτι Κίμβρους ἐπονομάζουσι οἱ Γερμανοὶ τοὺς λῃστάς". Es frägt sich, ob dies richtig sei; jedenfalls hatten die Römer nicht deswegen die Cimbern auf einmal zu den Germanen gerechnet. Auch nannten sich die Cimbern nicht selbst Räuber (Sepp, S. 73, Anm. 4).
[5] Müllenhoff S. 116—118; wogegen Holder (Altkelt. Sprachschatz S. 1015) mit Recht betont, dass bei Festus p. 43 „Cimbri lingua Gallica latrones dicuntur" ebenso gut die deutsche Sprache gemeint sein könne. Much, „die Deutung der germanischen Völkernamen" in Sievers Zeitschr. XX, S. 13, bestreitet heftig, dass das Wort germanisch und gar mit „Kymbry" eins sei.

gallisch, doch von den Kelten dem germanischen Volke in dieser Bedeutung beigelegt worden. „Cimbern" hat in ähnlicher Weise die Bedeutung „Räuber", „Plünderer" erhalten [1], wie Ambronen „Fresser" (consumptor) und Vandalismus, „wilde, rohe Zerstörungswut". (Von der Plünderung Rom's durch die Vandalen, 455 n. Chr.).

Doch was bedeutet es, dass ein deutsches Volk mit einem nichtdeutschen Namen überliefert ist? Ist nicht „Germanen" selbst ein keltisches Wort mit der Bedeutung „Nachbarn?"[2] Wir wollen nach alledem nur betonen, dass der Name eines Volkes nie einen sichern Schluss auf dessen Abstammung zulässt.[3] Trotzdem wollen wir nun aber auch das Wort „Teutonen" betrachten.

Das nächstliegende ist, „Teutonen" von Diuda = Volk abzuleiten (wie Diutisk = volkstümlich, deutsch). Dagegen wendet Müllenhoff S. 114 f. ein, dass sich „thiutisk" erst im 9. Jahrhundert als Bezeichnung für die Ostfranken (sc. unter Ludwig dem Deutschen) entwickelte, dass der Teutonenname in Deutschland an keinem Volksstamm hafte[4], dass dem deutschen Teutoburg das „Teutoburgium" im Gebiete

---

[1] „ὅτι λῃστρικοὶ ὄντες καὶ πλάνητες οἱ Κίμβροι" Strabo p. 293. „ἐπῆλθον ἐν λόγῳ λείας ἀγομένων καὶ φερομένων" Plutarch Mar. 11. „Cimbri, gens vaga, populabundi causa in Illyr. venerunt." Epit. 63. „Ζηλοῦσι γὰρ (οἱ Κίμβροι) ἐκ παλαιοῦ λῃστεύειν" (Diodor V, 32). Diodor hat also hier aus seiner Quelle die Identifizirung von Kimbern mit den räuberischen Kimmeriern (Keltoskythen) herübergenommen, gleich Strabo und Plutarch.

[2] Diese Erklärung vernahm der Verfasser von hervorragenden Linguisten, Prof. Martin in Strassburg und Prof. Kluge, früher in Freiburg i. B.
Holder, S. 2011 ist freilich anderer Meinung; er erklärt das Wort für deutsch, ursprünglich wie „Gaisati" und „Cimbri" für keinen eigentlichen Volksnamen, sondern appellativ „Beute, Sold und Land „gerende" heischende Mannen".

[3] Man denke an Franken und Franzosen.

[4] Dagegen sagt Zeuss, S. 147, Anm., die Teutonen und die Nuithones des Tacitus seien dasselbe wie Jüten, wonach also der Name bis heute in „Jütland" sich erhalten hätte, wie das ganze Altertum hindurch der Name „cimbrischer Chersones" am Namen der Cimbern haftete.

der keltischen Skordisker gegenüberstehe [1] und endlich, dass die Doppelformen Teutoni-es nur bei gallischen Völkerschaften sich fänden, nie bei germanischen [2].

Zeuss jedoch hält den Namen für deutsch. Er bringt ihn mit der Wurzel Tiu, wovon der Göttername Ziu, in Verbindung [3].

Sei dem wie ihm wolle, nach unserer Auffassung ist es Nebensache, ob von einem Volke, das zum ersten mal in der Geschichte auftritt, um nach wenigen Jahren bis auf einige Überreste zu verschwinden, der Name in der eigenen Sprache oder durch Vermittlung einer andern überliefert ist, zumal hier, wo die beiden rauhen, unkultivirten Hauptvölker mit Kelten vermengt waren und immer nur auf keltischem Gebiete mit den Römern in Verbindung traten. Viel wichtiger, ja massgebend, scheinen uns die deutschen Namen ihrer Könige [4], und hier haben sich alle 4 von den Cimbern, ja sogar der Teutobod der Teutonen als deutsch erwiesen.

Die Cimbern und die Teutonen sind die Hauptvölker unserer Wanderung; darum haben sie auch dem Zuge den Namen gegeben; die Überlieferung redet vom ganzen als „Cimbri et Teutones" oder dann vom „bellum Cimbricum"; denn die Cimbern nehmen den ersten Rang ein. Es liegt nahe, dass man von vorneherein annimmt, die beiden Hauptvölker müssten unbedingt von gleicher Abstammung sein und da die Cimbern als Germanen feststehen, so ist man nicht leicht geneigt, hinter ihren „Brüdern" [5] Kelten zu suchen.

---

[1] Was ist denn das „burg" für ein Wort und was hat es für eine Bedeutung?

[2] Und doch führt Müllenhoff selbst als Beispiel an die Triboci-es, ein Stamm, der zu den Sueven des Ariovist gehörte, und seither seine Sitze im Elsass um Strassburg hatte.

[3] S. 146, Anm.

[4] „βασιλεῖς τῶν Τευτόνων" Plutarch Mar. 24. Als Könige, nicht Gefolgsherrn, betrachtet sie auch Dahn „Könige der Germanen", S. 100—102.

[5] „ἐρομένου δὲ τοῦ Μαρίου τοὺς πρέσβεις περὶ τῶν ἀδελφῶν, κἀκείνων ὀνομασάντων τοὺς Τεύτονας, οἱ μὲν ἄλλοι πάντες ἐγέλασαν, ὁ δὲ Μάριος ἔσκωψεν εἰπών: „ἐᾶτε τοίνυν τοὺς ἀδελφούς· ἔχουσι γὰρ γῆν ἐκεῖνοι καὶ διὰ παντὸς ἕξουσι παρ᾽ ἡμῶν λαβόντες." Plutarch Mar. 24.

Dennoch ist dies neuerlich geschehen und zwar von G. Kossinna[1] und im Einverständnis mit ihm von R. Much[2], auf deren Abhandlungen wir noch einzutreten haben, um die Abstammungsfrage der Cimbern und Teutonen zu erschöpfen.

Das wesentliche für uns in Kossinna's Abhandlung ist der Abschnitt, wo er auf die Bewegungen der Germanen zu sprechen kommt, die von den Bewegungen der Kelten nach Italien und darüber hinaus veranlasst worden seien[3]; damals hätten sich die Inguæonen am Ocean, die Istuæonen am Rhein niedergelassen, wodurch die rechtsrheinischen Kelten an's linke Ufer, die Weserkelten nach Süddeutschland gekommen seien. Auf diese Völkerbewegung[4] sei später eine andere gefolgt: Teile von Semnonen und Hermunduren hätten die Herkynia durchbrochen und als „Markomannen" (Grenzmannen) am Main, als „Chatten" in Hessen, als Cherusker an der nördlichen Weser etc. das Binnenland als Herminonen eingenommen — das dauernde Ergebnis des Cimbern- und Teutonenzuges. Denn die Cimbern hätten in Thüringen gewohnt[5]; daher müssten die Teutonen ihre Nachbarn gewesen sein[6] und nicht am Ocean gewohnt haben. Sie wären also die Vorgänger der Markomannen am Main. So erscheine auch der Miltenberger Grenzstein der „Toutoni" nicht mehr so rätselhaft — „ohne jeden Anstand dürfen wir in ihnen die in der Heimat zurückgebliebenen Reste des teutonischen Volkes erkennen".

Vollständig einverstanden in dieser Beziehung ist R. Much[7], der diese Toutoni als Gau der Helvetier auffasst,

---

[1] „Die Sueben im Zusammenhang der ältesten deutschen Völkerbewegung", Westdeutsche Zeitschr. Bd. IX, S. 199—216.

[2] „Die Südmark der Germanen" in Sievers Beiträgen, Bd. XVII, 1893, S. 1 ff.

[3] Den sog. Sigovesus- und Bellovesuszügen.

[4] Nämlich die oben erwähnten Sigovesus- und Bellovesuszüge. Der Einbruch der Gallier in Italien muss ganz kurz vor der Einnahme Roms stattgefunden haben (also um's Jahr 400).

[5] Wie mit Müllenhoff wohl anzunehmen sei. (?)

[6] „Wie ich später einmal ausführlicher nachzuweisen gedenke". Das ist bis heute nicht geschehen.

[7] l. c. Seite 5 ff.

welche bei Gelegenheit des Cimbern-Einfalles resp. hier = Durchganges[1] mit den Tigurinern ihre damalige Heimat, die spätere „deserta Helvetiorum"[2] verlassen hätten. "Toygenoi" sei bei Strabo verschrieben für „Teutonoi", wie augenscheinlich p. 183 es statt „Toygener" „Teutonen" heissen müsse[3]. So sei nun auch mit einem Schlage die Frage gelöst, wann die Cimbern — die freilich auch Much vom Ocean kommen lässt — mit ihren Waffenbrüdern, den Teutonen, sich vereinigt hätten[4].

Der Miltenberger Grenzstein und die Kombination von Much haben auf den ersten Blick etwas verlockendes. Also eine Inschrift gibt uns das unzweideutige Zeugnis von der Abstammung und Heimat der Teutonen! Zu dem monumentalen kommt nach Much das litterarische Zeugnis des Posidonius bei Strabo[5]. Wir wollen uns aber diese beiden Zeugen etwas näher ansehen, erst den inschriftlichen, dann den litterarischen.

Was sagt uns der Stein? Er gibt uns einen einzelnen Volksnamen an „Toutoni". Der Name ist nach Kossinna-Much keltisch und wird mit „Teutonen" identifizirt[6]. Nach Kossinna-Much sollen sich also Überreste des berühmten Volkes bis in die spätere Römerzeit (3. Jahrhundert) erhalten haben? Man betrachte einmal die Karte, die sich hinter Much's Aufsatz befindet[7]. Dieses keltische Völklein mitten unter germanischen Stämmen wohnt unmittelbar östlich vom

---

[1] Strabo p. 293: „εἶτ' ἐπὶ Ἐλουηττίους".

[2] Darüber ausführlich im III. Kapitel.

[3] Wo Marius den Massalioten den Rhonekanal „ἔδωκεν ἀριστεῖον κατὰ τὸν πρὸς Ἄμβρωνας καὶ Τωυγενοὺς πόλεμον", nämlich vor der Schlacht bei Aquæ Sextiæ, wo nur von Teutonen die Rede sein könne. Beide Änderungen hat schon Zeuss postulirt (S. 147). Darüber unten.

[4] Also nach der Schlacht bei Noreja zwischen 113 und 109, während Kossina beide Völker als Nachbarn zu gleicher Zeit in die Geschichte eingreifen lässt. Darüber im IV. Kapitel.

[5] Much triumphirt: „Durch zweier Zeugen Mund wird alle Wahrheit kund".

[6] Dass der Name „Teutonen" der litterarischen Überlieferung keltisch sei, bestreitet d'Arbois de Jubainville, ein hervorragender Keltologe auf's entschiedenste. Revue Celt. XII, S. 15—18.

[7] Sievers Beiträge XVII, nach S. 224.

limes! Dieser helvetische Gau hat sich so lange in der alten Heimat behaupten können, währenddem die übrigen Helvetier in ihrer neuen Heimat, südlich vom Rhein, soviel von Germaneneinfällen zu leiden hatten![1]

Dass der Stein ein Grenzstein sei, nimmt auch Mommsen an[2]. Aber, sagt er, er könne nur annehmen, dass nach Ausweis dieses Steines, im 3. Jahrhundert unserer Zeitrechnung ein germanischer Stamm dieses Namens in der Gegend von Miltenberg gesessen haben müsse. Eine Verknüpfung mit einer „anderweitig geschichtlich bekannten Völkerschaft" hält Mommsen zum mindesten für sehr problematisch.

Wir halten dafür, dass sich mit dem Steine durchaus nichts anfangen, dass sich der einzelne Name historisch nicht verwerten lasse. Eine Möglichkeit wäre, dass T. der Name einer Gemeinde (Commune) gewesen.

Und nun Posidonius. Zeuss ist der Ansicht, Posidonius habe die Teutonen für Helvetier gehalten, „weil sie ihm für seine Kimmerier nicht passten"[3]. Much gibt ihm recht, nur mit der Modifizirung, dass Posidonius nicht irrtümlich die Toygener = Teutonen als Gau der Helvetier (neben den Tigurinern) aufgefasst habe, da dies der Wirklichkeit entspreche. Man ist in neuester Zeit geneigt, in betreff der Toygener wieder auf den Standpunkt von Zeuss zurückzukehren[4]; Müllenhoff ist der einzige, der für sie eine Lanze einlegt[5].

---

[1] Cæsar b. g. I, 1. Auch ein Grund, warum sie 58 a. Chr. ihres damaligen Gebietes überdrüssig wurden und sich zur Auswanderung in diejenigen Gegenden entschlossen, wo sie $1/_2$ Jahrhundert früher siegreich gewesen. Vgl. S. 40, Anm. 1.

[2] Korrespondenzblatt des Gesamtverbandes der deutschen Geschichts- und Altertumsvereine. 1878. S. 85 f.

[3] S. 147. Zeuss ist auch der erste, der die Toygener des Strabo (p. 183 und p. 293) und zwar an beiden Stellen (nicht nur p. 183, wie Müllenhoff S. 286, Anm. 1) in „Teutonen" korrigiren, somit die Toygener aus der Geschichte gestrichen wissen will. Denn ausser Strabo spricht kein antiker Autor von Toygenern.

[4] Mit „Zug" haben die Toygener natürlich nichts zu tun. Kaufmann, Althelvetier, S. 31, weist mit Recht darauf hin, es müsste vor allem nachgewiesen werden, dass Zug schon zur Römerzeit unter dem Namen Tugium existirt hätte.

[5] D. A., S. 152 (und l. c. S. 286, Anm. 1). Vgl. Anm. 3.

Von Toygenern spricht wie gesagt nur Strabo; allein dieser 2 mal. Das bequemste ist, einen Schreibfehler anzunehmen und ohne Bedenken beide mal „Teutonoi" zu lesen. Dem möchten wir nur die Frage entgegenhalten, ob es wahrscheinlich sei, dass der Schreiber (scil. Abschreiber von strabonischen Texten oder ein Schreiber, der sich diktiren liess) einen z. Z. Strabos und nachher so bekannten und geläufigen Namen wie Teutonen verändert habe in einen Namen, den er zuerst erfinden musste? Das umgekehrte wäre viel eher begreiflich! Dazu kommt die Tatsache, dass die Griechen sämtlich stets die Form „Teuton*es*", nie „Teuton*oi*" haben [1]. Wir haben nur das Recht zu ändern, wenn historisch zwingende Gründe vorliegen, und es frägt sich, ob das hier der Fall sei. Man beruft sich in der Regel auf p. 183 von Strabo, wo Toygener unmöglich seien.

Diese Stelle macht allerdings Schwierigkeiten; hier würde man eher Teutonen statt Toygener erwarten.

Die Toygenerfrage müssen wir offen lassen; nur wollen wir nach allem gesagten mit Entschiedenheit einen „teutonischen" Gau der Helvetier verneinen.

Was aber Posidonius' Stellung zu den Teutonen betrifft, so lässt sich mit Müllenhoff sehr wohl annehmen, dass dem Rhodier die Cimbern sehr im Vordergrunde gestanden, und dass neben ihnen die andern Wandervölker nicht zu ihrem Rechte gekommen, wenigstens anfangs [2]. Anders ist die Sache von 103 an, wo sich die Scharen definitiv trennen und die Teutonen wie die Cimbern nach Zeit und Ort getrennt mit den Römern um die Existenz ringen und untergehen. (Plutarch)

---

[1] Plutarch, Appian; Strabo hat p. 198 den Gen. Pl. „$Tευτόνων$". Hier ist Cæsar II, 4 die Quelle.

[2] Zu dem neuen Namen Cimbern fanden die Zeitgenossen sofort ein Analogon = Kimmerier, daher die Identifizirung; bei den Teutonen ist dies nicht der Fall. Dazu kommt noch das ungeheure Gebiet, das Posidonius seinen Kimmeriern = Kimbern = Keltoskythen zuweist; zu diesem passten die Teutonen nicht (Zeuss) d. h. sie gingen in dem Gesamtnamen Cimbern auf.

Wir kommen auf die Helvetier im folgenden Kapitel zurück und wollen nun, nachdem wir die Abstammungsfrage der Cimbern und Teutonen erledigt, die Frage nach der Heimat, den Wohnsitzen der beiden germanischen Völker erörtern.

Tacitus spricht Germania 40 von Nuithones, worunter sehr wahrscheinlich Teutonen gemeint sind[1]. Von Ptolemæus werden neben den Teutones Teutonoari angeführt, eine Variante von Teutoni nach Analogie von Chatti-Chattuarii. Der Name Teutonen war jedenfalls ein Gesamtname für mehrere Völkerschaften.

Durch diese Vermutung kommen wir auf Pytheas, der zuerst deutsche Stämme erwähnt, Teutonen und Gutonen. Über diese Teutonen und Gutonen des Pytheas berichtet Plinius[2]: „Pytheas erzählt, dass die Goten, ein Volk Germaniens, einen Küstenstrich, genannt M. bewohnen, in einer Ausdehnung von 6000 Stadien; von hier sei eine Tagreise zur See entfernt die Insel Abalus; dort werde der Bernstein von den Fluten herangeschwemmt und er sei ein Auswurf des gefrorenen Meeres; die Einwohner gebrauchten ihn statt des Holzes zum feuern und verkauften ihn den Teutonen, ihren nächsten Nachbarn. Ihm glaubte auch Timæus; aber er nennt die Insel Basilia."

„Ce texte a fait beaucoup travailler l'esprit des savants" bemerkt dazu d'Arbois de Jubainville[3]. Man habe vor allem erkannt:

1. dass Pytheas nicht von den Völkern Germaniens, sondern Skythiens habe sprechen wollen; den Beweis

---

[1] Dafür spricht auch die Zusammenstellung mit den Suardonen, die identisch sind mit den Φαράδεινοι des Ptolemæus, die als Nachbarn der Teutonen bezeichnet werden.

[2] Plinius XXXVII § 35: Pytheas Gutonibus Germaniæ genti accoli æstuarium Oceani Metuonidis nomine spatio stadiorum sex milium, ab hoc diei navigatione abesse insulam Abalum; illo per ver fluctibus advehi (scil. sucinum) et esse concreti maris purgamentum; incolas pro ligno ad ignem uti eo proximisque Teutonis vendere. Huic et Timæus credidit, sed insulam Basiliam vocavit.

[3] R. C. Bd. XII, S. 13.

dazu liefere Diodor[1], zu welchem die Notiz des Pytheas, von Timæus zurechtgemacht, gedrungen sei. Plinius habe daher irrtümlich „Germaniæ" für „Scythiæ" geschrieben.

2. der Text des Plinius enthalte einen augenscheinlichen Widerspruch; die „proximi Teutoni" — das gegenüberliegende Festland Diodor's — seien eben die zuerst erwähnten Gutonen. Daher habe sich Plinius wieder verschrieben[2]. Man müsse entweder 2 mal „Gutonen" oder 2 mal „Teutonen" lesen.

Zeuss (S. 135) will das erste; d'Arbois aber scheint ihn misverstanden zu haben, wenn er behauptet (S. 14) „Gutons, qui seraient les ancêtres des Prussiens, peuple étranger à la race germanique". Zeuss hält vielmehr diese Gutonen für die später so berühmten Goten, und versteht unter „Metuonis" (Mentonomon) das frische Haff.

Müllenhoff[3] will umgekehrt 2 mal Teutonen lesen. Pytheas habe die Elbmündung nicht überschritten, also seien die Teutonen am Nordseeufer zu suchen[4]. Unter Metuonis

---

[1] Nach unserer Ausgabe (Vogel) V, 23: „τῆς Σκυϑίας τῆς ὑπὲρ τὴν Γαλατίαν κατ' ἀντικρὺ νῆσός ἐστι πελαγία κατὰ τὸν ὠκεανὸν ἡ προσαγορευομένη Βασίλεια. Εἰς ταύτην ὁ κλύδων ἐκβάλλει δαψιλὲς τὸ καλούμενον ἤλεκτρον οὐδαμοῦ δὲ τῆς οἰκουμένης φαινόμενον. περὶ . . . . "

„Τὸ γὰρ ἤλεκτρον συνάγεται μὲν ἐν τῇ προειρημένῃ νήσῳ, κομίζεται δ' ὑπὸ τῶν ἐγχωρίων πρὸς τὴν ἀντιπέραν ἤπειρον, δι 'ἧς φέρεται πρὸς τοὺς καϑ 'ἡμᾶς τόπους."

[2] Habe Plinius beide Völkernamen „aus seiner eigenen Kenntnis heraus in seinen Bericht eingeschwärzt". Kossinna, Westd. Zschr. IX, S. 214. Much, Sievers XVII, S. 9.

[3] D. A. I, S. 479 legt nach *seiner* Weise die „törichte Erzählung des Plinius" aus. [„Vor allzu raschen und schroffen Urteilen ebenso sehr durch sein Naturell als durch sein vielseitiges Wissen bewahrt . . . ." heisst es in der Charakteristik des Posidonius bei Müllenhoff I. S. 358, oben].

[4] Dies widerspricht, nach d'Arbois S. 14, Anm. 2, Plinius' Angabe, wenn man liest: „Gutonibus adcoli æestarium M. nomine ab Oceano spatio stadiorum sex milium" (Edit. Janus). Aber auch durch diese Korrektur von Janus wird die Stelle nicht verständlicher. Wir acceptiren also den Text von Detlefsen, abgesehen von den „Gu*i*onibus", das für „Gu*t*onibus" verdruckt ist.

soll Pytheas Friesland, Holland, kurz die ganze Nordseeküste verstanden haben und unter Abalus eine der zahlreichen Inseln an der Küste, also wohl die die Zuidersee abschliessende Inselgruppe, wo Römer Bernstein — glæsum — gefunden haben sollen[1]. Also wohnen die Teutonen nach Müllenhoff an der Nordsee, wo sie schon Pytheas gefunden[2]. Dass Posidonius sich hier nicht auf Pytheas berufen habe, weil ihm die Cimbern zu sehr im Vordergrund standen, betont Müllenhoff a. a. O. mit Recht[3].

Die Heimatsfrage der Cimbern und Teutonen hat auch von Pallmann eine eingehende Behandlung erfahren[4]. Dieser erklärt den Hauptpunkt, den wir herausgreifen wollen, das „æstuarium" des Plinius als „ein von Ebbe und Flut (æstus) abwechselnd passirbarer und überfluteter Strand, wie die Halligen und Watten der Nordsee es sind". Da werde man auf die ganze Nordseeküste von Holland bis Jütland gewiesen, und alles stimme dann. „Nur eben die Sitze der Goten nicht." Pallmann sucht einen Ausweg mit der Behauptung, unter der Bernsteininsel Abalus sei „irrtümlich" Schweden oder Schonen gemeint[5], die Gutonen des Pytheas hätten gegenüber, in Jütland und den dänischen Inseln, gewohnt, die Teutonen daher als Nachbarn südlich in Holstein.

Wir halten diese Erklärung für sehr gezwungen und wollen unsererseits eine viel einfachere zu geben versuchen, die in erster Linie auf dem Text des Plinius fusst[6]; die Bestätigung sollen Mela, Tacitus und Ptolemæus bieten und nicht ein Suidas oder Xenophon Lampsacenus.

---

[1] Eine dieser Inseln soll von einem Soldaten des Germanicus „Glæsaria" benannt worden sein. Plin, IV § 103, XXXVII § 42.

[2] D. A. II, S. 283.

[3] Vgl. S. 30, unten. Was macht aber Müllenhoff bei seiner Plazirung der Teutonen an die Nordsee mit den Chauken und Friesen? Sollen diese erst nach der Wanderung ihre Sitze eingenommen haben oder gehören sie selbst zu den Teutonen?

[4] „Die Cimbern und Teutonen" S. 14—19. Auf den Abschnitt „Ursprüngliche Wohnsitze der Cimbern und Teutonen" in Sepp's Dissertation einzutreten, lohnt sich nicht.

[5] Indem das Eisenland Schweden mit dem Bernsteinland verwechselt worden. (Xenophon Lampsacenus; Pallmann S. 19, Anm. 12).

[6] Nach dem Detlefschen Text mit der Ausnahme von „Guionibus".

So stossen wir bei Plinius zunächst auf das „Germaniæ genti". Nach Timæus-Diodor hat Pytheas von Skythien gesprochen; denn dass im Text des Pytheas (350 v. Chr.) nicht „Germanien" gestanden, ist sicher. Plinius hat also hier „aus seiner eigenen Kenntnis heraus" „Germaniæ" interpolirt [1].

Diese Gutonen bewohnen nun ein „æstuarium". Wir haben das gleiche Recht, darunter einen vom Meer umfluteten Flachstrand oder eine Einbuchtung [2] zu verstehen, wie die „von Ebbe und Flut überflutete" Nordsee [3], und kommen daher ohne weiteres auf die Ostseeküste des heutigen Pommern, West- und Ostpreussen, sind also mit Zeuss, der unter dem æstuarium das frische Haff versteht, so ziemlich einer Meinung [4].

Es folgt bei Plinius die Zahl, nämlich 6000 Stadien = ca. 1100 km, eine ungeheure Ausdehnung, bei der wir die bei den Alten gewöhnliche Übertreibung annehmen müssen [5]. An der Ostseeküste, vornehmlich an der Weichselmündung wohnten also zu Pytheas' Zeiten die Gutonen. In einem Tag (24 Stunden) erreichte man von ihrem Gebiet aus die Bernsteininsel Abalus oder Basilia; so kommen wir auf ganz

---

[1] An dieser Stelle möchten wir darauf aufmerksam machen, dass eben das Skythien des Pytheas-Timæus-Diodor ganz entschieden gegen die Nordsee spricht. „τῆς Σκυθίας τῆς ὑπὲρ τὴν Γαλατίαν ..." sagt Diodor. Unter „Γαλατία" versteht er (V, 32) schon das rechtsrheinische Keltien; hier redet er sogar von „darüber hinaus" und kann somit nicht die Nordsee, sondern nur die Ostsee im Sinne haben.

[2] Zeuss S. 269.

[3] Pallmann a. a. O.

[4] Ohne grosse Bedenken können wir das kurische Haff noch dazu nehmen; denn aller Wahrscheinlichkeit nach hingen vor 2000 Jahren die beiden Haff noch zusammen.

[5] Die Lesart „spatio stadiorum sex milium ab Oceano" (S. 32, Anm. 4) ist schon deswegen zu verwerfen, weil man so unter „ab Oceano" willkürlich die Entfernung vom atlantischen Ocean annehmen müsste, während die Ostsee selbst ebenfalls unter den Begriff Ocean fällt, nämlich „Oceanus orientis, totus silvis refertus" Plin. XIII § 135 und „gentes juxta eum sine arboribus" Plin. XVI, 2.

Dass des Pytheas' Erkundigungen über die Bernsteininsel sich auf das wahre Bernsteinland an der Ostsee beziehen, gibt auch Kossinna zu (Westd. Zschr. IX, S. 215), wenn auch nach seiner Meinung (und nach Müllenhoff) Pytheas nur bis an die Nordseeküste gelangt ist.

ungezwungene Weise auf Rügen oder Seeland[1]; denn die Gutonen (auch ein Gesamtname wie Teutonen) haben gewiss den grössten Teil der pommerschen Küste eingenommen. Die Einwohner (scil. der Insel) verkauften nach Plinius das Produkt ihren nächsten Nachbarn — proximis Teutonis — auf dem Festlande (Diodor V, 23), und diese vermittelten den Handel nach Süden. Somit wohnten schon zur Zeit des Pytheas die Teutonen im Mecklenburgischen und in Holstein (bis Jütland)[2]. Bestätigt wird dies durch Mela[3], Tacitus[4], Ptolemæus[5] und Plinius selber, der unter seinen Inguäonen Chauken, Cimbern und Teutonen nennt. Die Chauken (vgl. Germ. 35) wohnten im heutigen Oldenburg und Hannover; es folgen die Cimbern (siehe unten) und die Teutonen, die sich Plinius somit an der Ostsee gedacht haben muss.

Die Goten links und rechts von und *an* den Weichselmündungen[6] machen durchaus keine Schwierigkeiten[7]. Tacitus setzt sie „über die Lygier hinaus" (Germ. 43) nicht mehr

---

[1] Zeuss geht uns hier viel zu weit nach Norden, wenn er an Oesel, oberhalb des Busens von Riga, denkt.

Rügen und auch Seeland waren bereits im Altertum ergiebige Bernsteininseln. Vgl. Pallmann.

[2] Wir hatten noch eine andere Erklärung versucht, von der wir aber abgekommen sind; angeregt durch Pallmann S. 16: „Dass Abalus in den Quellen als das eigentliche Bernsteinland bezeichnet wird, scheint gewissermassen auf Samland zu zwingen", nahmen wir die kurische Nehrung an, die vor 2000 Jahren vielleicht noch eine Insel gewesen, und fassten die „incolæ" des Plinius (siehe XXXVII, 35) nicht als die Bewohner der Insel, sondern als die „Gutonen" selbst, die den Bernstein in Samland holten und ihrerseits den benachbarten Teutonen (in Mecklenburg) verkauften.

Doch widerspricht dies dem Texte Diodors: „κομίζεται (scil. ἤλεκτρον) ὑπὸ τῶν ἐγχωρίων πρὸς τὴν ἀντιπέραν ἤπειρον".

[3] „In eo (scil. in sinu Codano, dem ungeheuren Busen voll von Inseln = Ostsee) sunt Cimbri et Teutones". Mela III, 3.

[4] Wenn wir Germ. 40 „Nuithones" als identisch mit „Teutones" fassen. Siehe oben S. 31.

[5] Vgl. die ptolemæische Karte von Grossgermanien und Sarmatien bei Müllenhoff D. A. II, Tafel IV.

Bei Ptolemæus sind die Teutonen allerdings nicht mehr am Meer, sondern zwischen Faradinen (= Suardonen des Tacitus) und Semnonen.

[6] Wohin sie schon Zeuss plazirt, S. 135 und 136.

[7] Vielmehr wenn sie nach Pallmann in Jütland gesessen haben sollen.

an's Meer, an dem nach ihm die Rugier wohnen. Also sind im 1. Jahre a. Chr. die Goten von der Weichselmündung schon etwas nach Süden gezogen. Bei Ptolemæus sind die „Gythones"[1] wieder südlicher, und im 3. Jahrh. erscheinen sie in der Balkanhalbinsel (Claudius II., Naïssus) und am schwarzen Meer, wahrscheinlich als Kernvolk von mehreren Stämmen, wie die Semnonen von den Alamannnen.

Wir kommen noch einmal auf Müllenhoff zurück, der zur Stütze seiner Teutonen an der Nordsee sich auf die Insel Glæsaria und die Inselgruppe Glæsiæ beruft. Diese Bernsteininselchen bezeugt Plinius[2]; also schenken wir ihnen Glauben. Aber wenn hier, nördlich der Zuidersee, auch Bernstein gefunden wurde, beweist denn dies allein, dass das Bernsteinland der Alten die Nordsee gewesen sei, und Pytheas vom wahren Bernsteinland an der Ostsee keine Ahnung gehabt habe? Jedenfalls stehen die „Gutones" mit dieser Annahme in unlösbarem Widerspruch, und diese, sowie die „Teutones" als von Plinius „eingeschwärzt" zu streichen, haben wir keinen Grund.

Wir setzen also die Teutonen an die Ostsee[3], und nehmen an, dass der Name Teutonen mehrere Völkerschaften in sich begriffen habe.

Was die Cimbern betrifft, so leidet es nach allem gesagten keinen Zweifel, dass sie den cimbrischen Chersones. bewohnt haben; jedenfalls hat die, „parva nunc civitas" vor der Wanderung bis zum Cap Skagen gereicht. Wir haben für uns, chronologisch zurückgegriffen, Ptolemæus, Tacitus, Plinius, Mela, Strabo und Augustus; denn mit dem

---

[1] Unterdessen haben die Wenden „Οὐένεδαι" von der Küste Besitz ergriffen.

[2] Plin. IV § 103: „eo ab adversa in Germanicum mare sparsæ Glæsiæ, quas Electridas Græci recensiores appelaverunt".

[3] D. h. ursprünglich, vor ihren Wanderungen. Die genaueste Angabe über ihre Wohnsitze gibt Ptolemæus (vgl. S 35, Anm. 5), auf die Rücksicht genommen werden muss. Die Teutonen erscheinen, wie gesagt, in der Quelle des Ptolemæus vom Meere entfernt, sei es nun, dass die Faradæer-Suardonen zum weitern Begriff der Teutonen gehören, sei es dass die Überreste der Teutonen durch sie vom Meer weggedrängt worden sind.

„politischen Humbug" (Kossinna S. 214) können wir uns durchaus nicht einverstanden erklären[1].

Auch Müllenhoff, der II, 285, Anm., die Flottenexpedition des Augustus[2] bespricht, ist geneigt, die dort getroffenen Reste der Cimbern als Fiktion zu betrachten, wenn er auch nicht so dicke Farben aufträgt, wie Kossinna. Wir wollen dem nur entgegenhalten: „Wohin versetzt denn Müllenhoff die Cimbern?" Die Antwort ist[3]: „Wenn die Teutonen die alten Nordseevölker sind (?) und die Cimbern nicht vom Ocean herkamen — was in keiner Weise bewiesen ist! — sind diese vom Gebiet der mittleren Elbe ausgegangen und haben sich ihnen die Teutonen von Norden her anschliessen müssen".

Diese Folgerung, die Cimbern an die mittlere Elbe, also in's heutige Königreich und in die Provinz Sachsen zu verpflanzen, ist durchaus willkürlich[4]. Sie soll „eine mächtige Stütze in der Darstellung des Livius finden".

Müllenhoff hat aus der epit. des Livius, resp. aus dem Bericht der livianischen Excerptoren nachgewiesen, dass die Teutonen von anfang an mit den Cimbern an der Grenze der römischen Republik erscheinen[5]; allein, dass dieser Umstand für die Heimat der beiden Völker massgebend sei, ist nicht erfindlich.

[1] Auch scheinen uns diese „landläufigen Gründe" (Kossinna a. a. O.) für das Germanentum der Cimbern und Teutonen gar nicht so „fadenscheinig". Kossinna ist uns wenigstens seine Beweise, die er 1890 glaubte in Händen zu haben, bis heute schuldig geblieben.

[2] Wie die Lücke von 14 Buchstaben im „monumentum Ancyranum" ausgefüllt werden soll. Vide S. 19, Anm. 4.

[3] D. A. S. 289.

[4] Wohin kommen wir überhaupt mit der alten Geographie und Geschichte, wenn wir den übereinstimmenden Berichten eines Plinius, der Deutschland aus Autopsie kannte, eines Tacitus, Strabo und Augustus den Glauben versagen, um eine Hypothese aufzustellen, für die nicht der geringste Anhalt vorliegt!

„Quelques-uns se douteront que les Cimbres aient habité le Jutland; on ne démontrera pas qu'ils ne l'aient point habité, on ne prouvera pas non plus que la Saxe moderne ait été leur patrie!" D'Arbois de Jubainville a. a. O. S. 11.

Wenigstens hat Müllenhoff das letztere durchaus nicht getan.

[5] Darüber in Kapitel IV.

III. Kapitel.

Tiguriner und Ambronen.

Der Völker, die um den Kern deutscher Auswanderer sich zusammengeballt hatten, und die während 12 Jahren das römische Reich im Schach hielten, waren viele. Es ist begreiflich, "dass ein solcher Schwarm, nachdem er vielleicht Jahrzehnte lang auf der Wanderschaft sich befunden und auf seinen Zügen an und in dem Keltenland ohne Zweifel jeden Waffenbruder, der sich anschloss, willkommen geheissen hatte, eine Menge keltischer Elemente in sich schloss"[1].

Zwei solcher Völker aber spielen eine bedeutende Rolle, und verdienen es, schon durch ihr teilweise gesondertes auftreten, gleich den Teutonen, speziell gewürdigt zu werden; es sind die Tiguriner und die Ambronen.

Die Tiguriner sind Helvetier und als solche werden sie allgemein und ohne Widerspruch betrachtet[2]. Cæsar findet die Tiguriner, die nach Posidonius-Strabo mit den andern vernichtet worden[3], anno 58 wieder bei guten Kräften, und brüstet sich, an ihnen nicht nur ihr Unrecht gegenüber dem Staate, sondern auch gegenüber seiner Familie (sein Schwiegervater L. Piso kam 107 um) gerächt zu haben[4].

Florus ist derjenige, welcher uns berichtet, wie die "tertia Tigurinorum manus" dem Verhängnis entronnen, nämlich "in diversa elapsa fuga", nachdem sie gehört, dass die Cimbern 101 vernichtet worden.

---

[1] Mommsen, R. G. II, S. 172, 8. Aufl.
[2] Bezeugt wird dies durch Strabo p. 293, Livius, epit. 65 und Cæsar, der sie b. g. I, 12 unter seine 4 helvetischen Gaue rechnet.
[3] "πάντες μέντοι κατελύθεσαν .... καὶ οἱ συναράμενοι ......" Strabo p. 293.
[4] "(C.) non solum publicas sed etiam privatas injurias ultus est" b. g. I, 12.

Die Tiguriner sind ausserdem durch eine Inschrift um Aventicum bezeugt, und die gewöhnliche Annahme ist auch, dass sie von diesen ihren Sitzen in der schweizerischen Hochebene aus den Cimbern und Teutonen nach Gallien nachgezogen seien [1].

Nach Tacitus und Ptolemæus haben die Helvetier, bevor sie in die Schweiz kamen, die Gegend von der rauhen Alp bis zum Main inne gehabt [2], die spätere helvetische Wüste. Dass diese verlassenen Gegenden den Namen von ihren Bewohnern haben, ist unbestreitbar; zu den „deserta Helvetiorum" haben wir 2 Seitenstücke, die „deserta Bojorum" und die „getische Wüste".

Dass Cæsar absichtlich oder unabsichtlich der früheren Sitze der Helvetier nicht gedenkt, fällt nicht in Betracht; nach Much hatte Cæsar sogar einen Grund, davon zu schweigen, und seinen Lesern die wahre Ursache der hel-

---

[1] Zeuss S. 224. Müllenhoff S. 152. Dahn S. 4. Mommsen S. 175. Pallmann S. 41.

[2] Dies ist uns sicher bezeugt durch Tacitus Germ. 28. „Igitur inter Hercyniam silvam, Rhenumque et Mœnum amnes Helvetii, ulteriora Boji Gallia utraque gens tenuere", und wird bestätigt durch „ἡ τῶν Ἑλουητίων ἔρημος" des Ptolemæus II, 11, 6, genau an demselben Orte (wie Tacitus) unter den „Intuergoi, Vargiones, Karitnoi und Vispoi".

Mommsen sagt S. 166 . . . . . . „die mächtigen Helvetier, die damals vom Genfersee bis zum Main sich erstreckend die heutige Schweiz, Schwaben und Franken inne gehabt zu haben scheinen". Diese Ausdehnung ist ungeheuer und für die Helvetier allein unmöglich; ein so enormes Gebiet hat kein Keltenstamm je besessen.

Das helvetische Gebiet war vielmehr nach Tacitus und Ptolemæus folgendermassen umgrenzt:

Im Norden der Main,   im Süden die rauhe Alp,
Im Westen der Rhein,   im Osten der Böhmerwald.

Unter „Rhenum" ist bei Tacitus die westliche, nicht die südliche Grenze zu verstehen. Diese südliche Grenze lässt Tacitus nicht offen; sie ist mit den Worten „inter Hercyniam silvam" gegeben. Unter „Hercynia" verstehen die Alten den ganzen Gebirgszug zwischen Schwarzwald und Karpathen, also ist hier die rauhe Alp vom Schwarzwald an bis und mit dem Böhmerwald gemeint. Die Helvetier waren somit im Osten Grenznachbarn der Bojer. Ein nachwehen dieser ehemaligen Grenznachbarschaft ist die Beteiligung von Bojern an der Auswanderung der Helvetier aus der Schweiz. Vgl. Oechsli, zur Urgeschichte der Schweiz.

vetischen Auswanderung — auch aus der Schweiz — vorzuenthalten. Das hervorheben des Umstandes, dass den Helvetiern die Nachbarschaft der Germanen zu gefährlich wurde, hätte dem Ruf ihrer Kriegstüchtigkeit Eintrag getan und hätte ihren Zug nicht als abenteuerlichen hingestellt und an beidem war Cæsar sehr gelegen[1]. So mag er auch ihrer früheren Wohnsitze nicht gedacht haben, weil die Helvetier auch hier ebenfalls durch den Druck der Germanen zur Auswanderung — nach Süden in die schweizerische Hochebene — gezwungen wurden[2].

Wann sind nun die Helvetier in die Schweiz gekommen? Entschieden erst nach dem und gerade durch den Zug der Cimbern und Teutonen in einer Epoche, die den Römern, welche über ihre früheren Sitze so gut unterrichtet sind, verhältnismässig nahe gelegen haben muss. Das Schicksal der Helvetier ging im wesentlichen dem ihrer östlichen Stammesgenossen, der Bojer, parallel[3].

Dass die Helvetier anno 113 noch nicht über den Rhein (nämlich nach Süden) gezogen sein können, lässt sich schliessen aus einer Stelle des Posidonius bei Strabo, aus der allein wir den Verlauf der Dinge zwischen 113 und 109 in etwelchem Zusammenhang erfahren. Die Cimbern sind von den Bojern in Böhmen zurückgeschlagen worden und ziehen nun in grossem Bogen von Osten her in das Gebiet der keltischen Skordisker (zwischen Drau und Sau), hierauf in dasjenige der Taurisker (später Noriker genannt). Hier siegten sie in der Schlacht bei Noreja über die Römer und statt sich nach Süden gegen Italien zu wenden, zogen sie

---

[1] Much hat schon recht, wenn er hervorhebt, dass Cæsar diese unbequeme Nachbarschaft nicht als Ursache der Auswanderung *betont* (aus den oben erwähnten Gründen). Die beständigen Streitigkeiten zwischen Helvetiern und Germanen an und für sich lässt Cæsar nicht unerwähnt: b. g. I, 1: „proximique sunt Germanis, qui trans Rhenum incolunt quibuscum continenter bellum gerunt . . . . . fere cotidianis prœliis cum Germanis contendunt".

[2] Much betont auch mit Recht, Tacitus behaupte ja gar nicht, dass noch zu Cæsar's Zeiten Helvetier nördlich vom Bodensee gesessen hätten.

[3] Nach gütiger Mitteilung von Herrn Prof. Oechsli.

es vor, sich in's Gebiet der goldreichen und friedliebenden Helvetier zu begeben [1]. Durch die vielen rätischen Völkerschaften und Gebirge? Von einer freundlichen oder feindlichen Berührung der Cimbern mit den Rätern (und auch mit den Vindelikern) ist nirgends die Rede; und es sollten doch vor allem bei Strabo sich Spuren finden von einem Zusammenstoss mit Rätern einer- und mit Sequanern anderseits, wenn die Cimbern den Weg nach Gallien durch die Schweiz und über den Jura genommen haben sollen [2]. Statt dessen aber sagt Strabo ausdrücklich, dass sie nach Noreja das Gebiet der Helvetier betreten hätten, mit denen sie gemeinsame Sache gemacht haben müssen, da ihnen nicht nur der Durchgang gestattet wurde, sondern sich ihnen auch helvetische Stämme, gelockt durch den Reichtum der Beute, anschlossen [3]. Die Betretung des helvetischen Gebiets gleich nach der Schlacht bei Noreja durch die germanischen Wandervölker erklärt sich am leichtesten und besten, wenn wir annehmen, die Cimbern hätten sich anno 113 erst nördlich gewandt, die Donau etwa bei Passau (am Einfluss des Inn) überschritten und das Gebiet der Helvetier in ihren frühern Wohnsitzen betreten.

Hier machen nach Posidonius-Strabo die Helvetier mit den Germanen gemeinsame Sache, hauptsächlich aber die Tiguriner und Toygener [4].

Mit ihren Verbündeten oder ihnen voraus überschritten nun die Cimbern den Rhein und zwar den Mittelrhein, wohl bei Mainz, von wo sie noch eine Strecke rheinabwärts zogen (in der Nähe eines Zusammenflusses von 2 Strömen über-

---

[1] „ἀποκρουσθέντας ὑπὸ τῶν Βοίων ἐπὶ τὸν Ἴστρον καὶ τοὺς Σκορδίσκους Γαλάτας καταβῆναι, εἶτ' ἐπὶ Τευρίστας ἢ Ταυρίσκους, καὶ τούτους Γαλάτας, εἶτ' ἐπὶ Ἐλουηττίους, πολυχρύσους μὲν ἄνδρας εἰρηναίους δέ." Strabo p. 293.

[2] Wie Mommsen und Dahn annehmen.

[3] „φασὶ δὲ καὶ πολυχρύσους τοὺς Ἐλουηττίους, μηδὲν μέντοι ἧττον ἐπὶ λῃστείαν τραπέσθαι τὰς τῶν Κίμβρων εὐπορίας ἰδόντας ἀφανισθῆναι δ'αὐτῶν τὰ δύο φῦλα τριῶν ὄντων κατὰ στρατείας." Strabo IV, 33, p. 193.

[4] „ὀρῶντας δὲ τὸν ἐκ τῶν λῃστηρίων πλοῦτον ὑπερβάλλοντα τοῦ παρ' ἑαυτοῖς τοὺς Ἐλουηττίους ἐπαρθῆναι, μάλιστα δ'αὐτῶν Τιγυρίνους δὲ καὶ Τωυγίνους, ὥστε καὶ συνεξορμῆσαι." Strabo p. 293.

zusetzen (= Passau) ist für ein grosses Heer immer von Vorteil), der die westliche Grenze des helvetischen Gebietes bildete, um in Gallien einzufallen[1].

Hier mussten sie natürlich zuerst mit den Belgiern in Berührung treten, den tapfersten, stark mit Germanen gemischten Galliern[2], welche die Eindringlinge zurückschlugen, wie es vor 113 Bojer und Skordisker getan. Die Cimbern wandten sich hierauf nach Süden, wo wir sie 109 im Gebiet der römischen Provinz treffen. Doch liessen sie einen Teil ihres Gepäckes hier im nördlichen Gallien zurück, mit einer Bewachung von 6000 Mann, aus denen die spätern Aduatuker wurden, mitten im Gebiet der Eburonen (Hauptstadt Aduatuka am Sambre, Sabis). Cæsar sagt ausdrücklich (II, 29), die Cimbern und Teutonen hätten ihre Bagage „diesseits des Rheins" zurückgelassen. Nach der endgültigen Niederlage der Cimbern und Teutonen hatten diese 6000 Mann einen

---

[1] Vgl. Appian, Kelt. 13: „καὶ Τεύτονες ἐς Γαλάτας ἐχώρουν", womit er das eigentliche Gallien, wie auch das ursprüngliche Gebiet der Helvetier verstehen kann.

[2] Tacitus Germ. 37: Veterique famæ lata vestigia manent *utraque ripa* (sc. Rheni) castra etc.

Cæsar I, 1: „horum omnum fortissimi sunt Belgac . . ."

b. g. II, 4: „Plerosque Belgas esse ortos ab Germanis Rhenumque antiquitus traductos propter loci fertilitatem ibi consedisse, Gallosque qui ea loca incolerent expulisse solosque esse, qui patrum nostrorum memoria omni Gallia vexata Teutonos Cimbrosque intra suos fines ingredi prohibuerint."

I, 33: Paulatim autem Germanos consuescere Rhenum transire et in Galliam magnam eorum multitudinem venire, populo Romano periculosum videbat, neque sibi homines feros ac barbaros temperaturos existimabat, quin, cum omnem Galliam occupavissent, ut ante Cimbri Teutonique fecissent „*in provinciam exirent*" atque inde in Italiam contenderent, (præsertim cum Sequanos a provincia nostra Rhodanus divideret) und II, 29: „Aduatuci . . . . erant (ipsi) ex Cimbris Teutonisque prognati, qui, „cum iter in provinciam nostram atque Italiam" facerent, iis impedimentis, quæ secum agere ac portare non poterant, citra flumen Rhenum depositis custodiam ex suis ac præsidium sex milia honinum una reliquerunt. Hi post eorum obitum multos annos a finitimis exagitati, cum alias bellum inferrent, alias illatum defenderent, consensu eorum omnium pace facta hunc sibi domicilio locum delegerunt.

schweren Stand gegen die belgischen Völkerschaften, bis sie endlich mit ihnen Frieden schlossen und jenes Gebiet um Aduatuca erhielten [1].

Dass sich helvetische Völkerschaften, vornehmlich die Tiguriner nicht von der Schweiz aus den Cimbern und Teutonen angeschlossen, ergibt sich auch daraus, dass die Tiguriner, die sich 102 bei der endgültigen Trennung den Cimbern anschlossen, durch Norikum mit diesen nach Italien einzudringen gedachten, welchen grossen Umweg sie sicherlich nicht gemacht hätten, wenn sie von ihrem eigenen Gebiet aus den viel kürzern Weg über die Schweizerpässe hätten benutzen können.

Im Gegenteil, die Cimbern gingen mit den Tigurinern vermutlich wieder über den Mittelrhein zurück und zogen durch das helvetische und taurische Gebiet, in weitem Bogen um die Zentralalpen und ihre Pässe herum. Daher erklärt sich auch ihr verhältnismässig spätes erscheinen an der Etsch [2].

Wer wohnte aber zu Ende des 2. Jahres a. Chr. in der schweizerischen Hochebene? Unsere Antwort ist, die Sequaner. Plutarch erzählt uns, dass die nach Aquæ Sextiæ entflohenen Könige der Teutonen in den Alpen von den

---

[1] Mommsen und Dahn lassen die Cimbern über den Jura in Gallia transalpina eindringen; letzterer gibt (S. 4) zu, dass die Cimbern vielleicht schon jetzt (nach verlassen des helvetischen Gebietes) „einen Teil ihrer Wagen und Geräte unter Bewachung von 6000 Mann auf dem *rechten* Rheinufer" (*citra* flumen Rhenum! Cæsar 2, 29) zurückgelassen hätten, welche 6000 Mann später nach Norden gedrängt ... etc.

Wir denken, die oben gegebene Darstellung sei die richtigere; wenigstens ergibt sie sich am natürlichsten. Mit ihr steht die epit. 67 durchaus nicht im Widerspruch, auf welche sich Mommsen allein stützt. Können die Cimbern und Teutonen anno 103 von den Belgiern nicht zum zweiten mal kräftig zurückgeschlagen worden sein? An der belgischen Grenze „in Bellovacis oder Veliocassis" hat eine Wiedervereinigung der Cimbern und Teutonen stattgefunden.

Vgl. Darstellung, Kap. IV.

[2] Siehe S. 65 f.

Sequanern ergriffen worden seien [1]. Dass die Sequaner sich der schweizerischen Hochebene bis zu den Alpen bemächtigt, bestätigen die zahlreichen Funde von Sequanermünzen [2].

Nachdem die Tiguriner 107 in Gallien gesondert aufgetreten und schliesslich mit den Cimbern oder nach ihnen in Italien einrücken wollten, kehrten sie, wie uns Florus berichtet, bei zeiten um und zwar von den norischen Bergen, die sie gleichsam als Nachhut besetzt hatten [3].

Die Tiguriner kehrten in ihre Heimat zurück, um aber bald darauf nach Süden gedrängt zu werden durch den Druck der Germanen. Denn dass die germanischen Suebenstämme [4] sich nun rasch nach Süden ausbreiteten, können wir mit Kossinna S. 213 als das dauernde Ergebnis des Zuges der Cimbern und Teutonen betrachten [5]. Ein grosser Teil des grossen ehemals helvetischen Gebietes wurde verwüstet; denn die Germanen machten sich eine Ehre daraus, das an ihr Gebiet grenzende Land öde zu lassen, und so blieb die „helvetische Einöde" bestehen, von der noch auf Ptolemæus Kunde gelangte.

Dass sich aber ein sog. helvetischer Gau, der Toutoni-Teutonen, zwischen allen Germanenstürmen und Wanderungen gehalten habe bis in die Zeit der römischen Herrschaft und zwar ausserhalb des limes, ist undenkbar [6]. Dort wohnten, auch innerhalb des limes und unter römischer Herrschaft, neben Kelten, auch Sueben, z.B. „Neckarsueben",

---

[1] Plut. Mar. 24, Schluss: „ἑάλωσαν (οἱ βασιλεῖς τῶν Τευτόνων) ἐν ταῖς Ἄλπεσι φεύγοντες ὑπὸ τῶν Σηκουανῶν".
Wir haben keinen Anlass, hier unter den Alpen den Jura zu verstehen!

[2] Vgl. Oechsli, Die älteste Geschichte des Wallis, S. 8, Anm. 4.

[3] Tertia Tigurinorum manus quæ quasi in subsidio Noricos insederat tumulos, in diversa elapsa fuga ignobili et latrociniis.

[4] Die „Schlafmützen", wie Kossinna S. 211 das Wort „Sueben" erklärt wissen will.

[5] Ob diese „Markomannen" aber Teile von Semnonen und Hermunduren gewesen, möchten wir sehr bezweifeln. Doch dies zu untersuchen, ist hier nicht der Ort.

[6] Vgl. S. 28 und 29.

von denen eine Inschrift und zwar nicht blos ein Stein mit einem einzelnen Namen berichtet[1].

Die Tiguriner wohnten später in der schweizerischen Hochebene um Aventicum, wo sie durch eine Inschrift bezeugt sind[2]. Was die Toygener anbelangt, so halten wir, wie gesagt (S. 30) die Gründe nicht für nicht zutreffend, sie einfach durch Teutonen zu ersetzen. Freilich fehlt für die Toygener später jede Spur; der Gau ist eben völlig untergegangen. Aber wissen wir über den 3. Gau bei Strabo etwas näheres? Kein Mensch nennt dessen Namen, so wenig wie den Namen der zwei andern von den vieren, welche Cæsar anführt. Cæsar nennt nur den Tiguriner- und Verbigenergau mit Namen. Über die Wohnsitze des letztern weiss man nichts[3]; sich unter dem 3. und 4. Toygener und Ambronen zu denken, und sie gar zu plaziren, sind reine Phantasieen.

Damit kommen wir aber auf die Ambronen, deren Herkunft zu besprechen uns noch übrig bleibt.

Die Ambronen erscheinen immer in Gesellschaft der Teutonen. Nach Zeuss[4] sind sie wahrscheinlich mit den Cimbern und Teutonen aus dem Norden gekommen, Müllenhoff macht es mit ihnen sehr kurz: „Ambrones, gegen deren Deutschtum nichts einzuwenden ist"[5], Mommsen spricht von ihnen als „kimbrischer Kernschar"; Ihne, Dahn, Pallmann und andere halten sie gleichfalls für Germanen.

---

[1] Zangenmeister, „Zur Geschichte der Neckarländer in römischer Zeit". Neue Heidelberger Jahrb. III, S. 1—15.
Die bei Ladenburg am untern Neckar entdeckte Inschrift lautet:
    DI MANI
   TERTINIAE FLORE
   NTINAE CIVES SUEB
   A NICRETI VIXIT A
     SXVI
Diis Manibus Tertiniæ Florentinæ cives Sueba Nicreti vixit....
[2] Kaufmann, Althelv. S. 80; bei Münchweilen (b. Aventicum).
[3] Kaufmann a. a. O.
[4] Die Deutschen, S. 147.
[5] D. A. II, S. 114. NB. heisst es hier: „gegen dessen Deutschheit" und ist also nur das *Wort* Ambrones als solches gemeint.

Dagegen sind sie auch schon zu den Helvetiern gerechnet worden; dafür tritt in neuerer Zeit Gisi ein[1]. In einem ganz neuen Werk von Bérenger Féraud[2] wird ihr Gebiet — wie übrigens auch dasjenige der Tiguriner und Toygener — auf's genaueste bezeichnet: „Les Ambrones étaient un peuple helvétique occupant le pays limité au Sud par les Alpes, à l'Est par le Rhin jusqu'à Sargans, au Nord par les lacs de Wallenstadt et de Zurich, à l'Ouest par une ligne allant de Zurich à Lucerne et à Thun*n*." (sic!) Also sehr genau; nur würde es uns interessiren, welchem Gewährsmann Bérenger diese unerhört exakte Bezeichnung ihres Gebietes entnimmt.

Wir glauben schwerlich zu so bestimmten Resultaten zu gelangen, wollen aber doch sehen, was sich mit dem über die Ambronen überlieferten Material anfangen lässt.

Wie „Cimber" ist das Wort „Ambro", „Ambrones" später zu einem Scheltwort geworden[3].

Verrius und Placidus sprechen von Ambronen als von Galliern, auf welche Bezeichnung kein grosser Wert zu legen ist. Müllenhoff behauptet dagegen, wie schon erwähnt, gegen den deutschen Namen Ambronen sei nichts einzuwenden, da er vom Volke selbst als Schlachtruf gebraucht worden sei und „Ambri, Ambrico" in der deutschen Heldensage wiederkehrten. Darauf gibt er aber zu, dass der Name gleichlautend bei den Kelten und sogar bei den Ligurern[4]

---

[1] Quellenbuch zur Schweizergeschichte S. 217—220.
[2] „La campagne de Marius en Provence" S. 92.
[3] Nach Verrius Flaccus bei Festus p. 17, Placidus, Isidor, sogar Notker (gloss. p. 12, 4, 5). Siehe Müllenhoff S. 114, Anm.
Festus: „Ambrones fuerunt gens quædam Gallica, qui subita inundatione maris cum amisissent sedes suas, rapinis et prædationibus se suosque alere cœperunt. Eos et Cimbros Teutonosque C. Marius delevit. Ex quo tractum est, ut turpis vitæ homines ambrones dicerentur".
Selbstverständlich wird hier die Sturmflut als Ursache der Auswanderung von den Cimbern und Teutonen auf die Ambronen übertragen.
Placidus: „Ambronem perditæ improbitatis a gente Gallorum, qui cum Cimbris Teutonisque grassantes periere".
[4] Plutarch Mar. 19. Holder erklärt den Namen S. 124 im Altk. Sprachschatz und leitet ihn von „ambrū" gewaltig, schrecklich ab, doch ohne „m" „abr(a)s" = gotisch mit der Bedeutung „stark".

vorgekommen sei. Und Pallmann hinwiederum macht auf den deutschen Flussnamen Ambra = Emmer (den Müllenhoff absichtlich nicht in Betracht zieht), und den Männernamen „Ambricho" aufmerksam und ebenso auf die Insel „Amrom" an der Westküste von Jütland, südlich vom Sylt[1].

Wir sehen also, dass sprachlich der Name als germanisch, keltisch und ligurisch betrachtet werden kann, und wollen daher die etymologische Herleitung, die in solchen Fällen bisweilen mehr Unheil anrichtet als dass sie zu etwas richtigem führt, beiseite lassen.

Die Ambronen für Ligurer zu halten, hat am wenigsten für sich. Die ganze Mutmassung beruht auf der Erzählung Plutarch's vom Ambronengefecht 2 Tage vor der Hauptschlacht, die Ligurer hätten den beständigen Ruf „Ἄμβρω" mit dem gleichen Worte erwidert: „σφᾶς γὰρ αὐτοὺς οὕτω κατὰ γένος ὀνομάζουσι Λίγυες". Um dessentwillen hält Niebuhr die Ambronen für Ligurer. Abgesehen vom ähnlichen Klange (Übereinstimmung) des Namens der Ligurer im römischen Heer und der feindlichen Ambronen sollte sich doch in der ganzen Überlieferung eine Spur finden von diesen tapfern *ligurischen* Teilnehmern am Zuge der Cimbern und Teutonen[2].

Die Ambronen den Kelten zuzuweisen, hat schon mehr für sich. Man ist geneigt, die Worte von Eutrop und Orosius „C. T., Tigur. et Ambr., Germanorum Gallorumque gentes" so zu fassen, als seien damit 2 germanische und 2 gallische Völker verstanden. Allein diese Annahme beweist nichts. Gisi führt a. a. O. noch an, dass die Täuschung der Feinde vor Arausio durch Sertorius nicht durch deutsche Sprache habe geschehen können und dass die Cimbern, als sie vor Vercellæ nach ihren Brüdern fragten, nur die Teutonen meinten. Dagegen ist einzuwenden:

---

[1] Pallmann, S. 27.
[2] Zumal Ende des 2. Jahres a. Chr. fast alle Ligurer *Untertanen* der Römer gewesen. Plutarch selbst hätte übrigens gerade an dieser Stelle bemerken müssen, die Ambronen seien Ligurer gewesen. Dass er es nicht tut, lässt auf das umgekehrte schliessen (NB. wie Plutarch von sich aus die Cimbern und Teutonen als Germanen bezeichnet).

1. dass zweifellos Kelten, seien es ganze Stämme, seien es einzelne Scharen, sich ihnen angeschlossen hatten.
2. dass die Germanen auf ihren langen Wanderungen keltische Brocken lernen und daher durch keltische Worte getäuscht werden konnten und dass Kelten sich bei ihnen befanden.[1]
3. dass unter diesen „Brüdern", von denen nur die Teutonen namhaft gemacht sind, gleichwohl die Ambronen mitverstanden sein können, da diese an Zahl neben den Teutonen verschwinden.

Es bleibt die Berufung auf Festus und Placidus, von denen aber der eine mit seiner „subita inundatione maris" sich selbst widerspricht, der andere, wie Cassius Dio, dem alten Sprachgebrauche gemäss, unter „Gallia" das ganze Gebiet des Nordens bis zum sog. „Skythien" verstanden hat.

Uns scheint es am wahrscheinlichsten, dass die Ambronen germanischer Abstammung gewesen und mit den Cimbern und Teutonen aus dem Norden gekommen sind.

Einen ethnographischen Anhaltspunkt bietet uns Ptolemäus, der B. III, 5 „Ὄμβρωνες" nennt, an der Quelle der Weichsel[2]; diese „Ombrones" klingen sehr an „Ambrones" an. Wo diese Ende des 2. Jahres a. Chr. gewohnt haben und wo sie sich den Cimbern und Teutonen anschlossen, ist daraus freilich nicht ersichtlich. Ihre Überreste werden später südwärts gezogen sein[3]. Zur Zeit des Cimbern- und Teutonenzuges sind sie vielleicht von Mitteldeutschland ausgegangen und haben sich den nordischen Wandervölkern von hier aus angeschlossen[4].

Es bleibt der Einwand, die Ambronen könnten Helvetier sein und als solche demnach Kelten. Dass sie erst für

---

[1] Wie sie sich auch in der Reihe von Jahren keltische Waffen zugelegt hatten.
[2] Vgl. die ptolemæische Karte bei Müllenhoff II, Tafel 4.
[3] Wie die Goten und so viele andere germanische Völker.
[4] Die Insel „Amrom" und den Fluss „Ammer" lassen wir zur Stütze unserer Vermutungen absichtlich ausser Betracht; denn hier kann der Zufall eine zu grosse Rolle spielen.

Arausio ausdrücklich namhaft gemacht werden[1], könnte allenfalls dafür sprechen, dass sie als Helvetier mit oder nach den Tigurinern nach Gallien gezogen seien — als 3. Gau. Dagegen aber spricht entschieden die Trennung der Tiguriner und Ambronen anno 103. Die Ambronen würden als Helvetier zum Einfall in Italien vermutlich denselben Weg eingeschlagen haben, wie die Tiguriner (und Toygener), nämlich durch ihre Heimat zwischen rauher Alp und Main, sowohl um ihre Beute in Sicherheit zu bringen, als um den bekanntern und infolge dessen leichtern Weg einzuschlagen.

IV. Kapitel.

Darstellung des Zuges der Cimbern und Teutonen.

Die deutschen Völkerbewegungen bedeuten kein unstetes, unruhiges hin- und herwandern; jede Veränderung der Sitze hat ihre bestimmte Ursache und verläuft, wenn auch meistens grossartig, doch immer akut.

Die erste grosse Wanderung germanischer Stämme ist die Überschreitung des Rheins[2], deren dauerndes Ergebnis einerseits die starke Vermengung der belgischen Kelten mit germanischen Elementen ist, anderseits der Umstand, dass das Gebiet zwischen Weser und Rhein dauernd im Besitz der Germanen bleibt. Die zweite Wanderung beginnt mit dem Zuge der Cimbern und Teutonen, dessen Folgen sich hinabziehen bis auf Cæsars Kriege (Sueben, Usipeter, Tenkterer, Chatten); die dritte ist die slavisch-gotische, um's Jahr

[1] .... „τὸ μαχιμώτατον μέρος, ὑφ' οὗ προήττηντο Ῥωμαῖοι μετὰ Μαλλίου καὶ Καιπίωνος πρότερον." Plutarch Mar. 19.
[2] Much, die Germanen am Niederrhein (Sievers Beiträge Bd. XVII). Kossinna, der Ursprung des Germanennamens. (Sievers Beiträge Bd. XX, S. 258 ff.)

160 n. Chr.[1], wo die Goten südwärts ziehen, was die Hauptursache der Markomannenkriege unter Marc Aurel gewesen sein wird; die vierte ist die sog. *grosse* Völkerwanderung, veranlasst resp. befördert durch den Einfall der Hunnen; endlich die fünfte und letzte, die Besetzung Italiens durch die Langobarden.

Von der ersten dieser historisch nachweisbaren germanischen Völkerverschiebungen blieben die Römer unberührt; die zweite begann mit der Vernichtung der Cimbern und Teutonen durch die Römer und endete damit, dass die germanische Nation nicht nur in den nähern Gesichtskreis der Bewohner des Südens trat und die germanische Nation von nun an von der keltischen scharf unterschieden wurde, sondern auch damit, dass die Deutschen Grenznachbarn römischen Gebietes wurden und blieben.

Diese zweite germanische Völkerverschiebung im allgemeinen, der Zug der Cimbern und Teutonen im besondern, ist also so recht das Vorspiel zur grossen Völkerwanderung, die dem weströmischen Reich ein Ende machte.

Die Wanderungen deutscher Völker haben alle ihre bestimmten Ursachen und so kann für die Ursache des Aufbruches der Cimbern durchaus nicht geltend gemacht werden, dass diese räuberisch und unstet gewesen seien.[2] Denn Posidonius hielt die Cimbern für identisch mit den Kimmeriern, lässt sie bis zur Mæotis ziehen, und teilt sie dem Mischvolk zu, das an das pontische Skythien stosse und daher „Keltoskythen" genannt werde.[3] Daher verwirft Posidonius auch als Grund der Auswanderung Überschwemmung, mit der Begründung, es sei lächerlich, zu glauben, ein Volk verlasse seine Heimat aus Zorn wegen einer täglich zwei mal regelmässig wiederkehrenden Naturerscheinung,

---

[1] s. Pallmann, S. 29.

[2] „διότι λῃστρικοὶ ὄντες καὶ πλάνητες οἱ Κίμβροι καὶ μέχρι τῶν περὶ τὴν Μαιῶτιν ποιήσαιντο στρατείαν, ἀπ' ἐκείνων δὲ καὶ ὁ Κιμμέριος κληθείη Βόσπορος, οἷον Κιμβρικός, Κιμμερίους τοὺς Κίμβρους ὀνομασάντων τῶν Ἑλλήνων."

[3] Plutarch Mar. 11.

nämlich Ebbe und Flut.¹ Wir wissen hier besser Bescheid als Posidonius, der auch über den ganz neu erschlossenen Norden und seine Völker unmöglich so gut orientirt sein *konnte.* Wir wissen, dass die Cimbern mit den Kimmeriern nichts zu tun haben und dass uns unter den „Keltoskythen" in einem Zwielicht die Germanen gezeigt werden.² Ferner haben wir gute Gründe, der gallischen Flut*sage* mehr Glauben zu schenken, als der geistreiche Grieche am Anfang des 2. vorchristlichen Jahrhunderts es getan hat; denn gerade die cimbrische (jütische) Halbinsel hat von alten Zeiten bis auf unsere Tage furchtbare Einbussen an fettem Küstenland erfahren.³ Eine ungeheure Sturm- oder Springflut war und ist in den Nordseegegenden — die Cimbern stiessen ja im Westen an die Nordsee — nichts seltenes; ist doch die Zuidersee auch auf diese Weise entstanden.

Nehmen wir an, der cimbrische Chersones sei noch dazu übervölkert gewesen, was für eine Ursache kann uns denn mehr einleuchten, als dass ganze Völker, gegen eine Million⁴ Seelen, mit Weib und Kind und Greisen, mit Karren, ja mitsamt den getreuen Haushunden, hinauszogen in die unbekannte Ferne, was für eine Veranlassung liegt da klarer am Tage als ein gewaltiges Naturereignis?

Dass nicht die ganze Masse in einem Ruck, sondern allmälig ausgezogen, ist gewiss anzunehmen.⁵ Die Cimbern zogen auch auf diese Weise die Teutonen nach sich⁶ (und auch die Ambronen). Denn die Teutonen erscheinen, im Gegensatz zu Mommsen's Ansicht, vom Jahr 113 an an der

---

¹ „γελοῖον δὲ τῷ φυσικῷ καὶ αἰωνίῳ πάθει δὶς ἑκάστης ἡμέρας συμβαίνοντι προσοργισθέντας ἀπελθεῖν ἐκ τοῦ τόπου." Strabo VII, 2, p. 293.
² S. Kap. II.
³ Vgl. Pallmann, S. 27 und 28.
⁴ Auf diese Zahl kommen wir, wenn wir die Durchschnittszahl der gefallenen Streiter bei Aquæ Sextiæ und Verc. (150,000 + 100,000 nach der posidonischen Überlieferung) mit 4 multipliziren.
⁵ Plutarch Mar. 11: „οὐκ ἐκ μιᾶς ὁρμῆς οὐδὲ συνεχῶς". Das „ἀλλ' ἔτους ὥρᾳ καθ' ἕκαστον ἐνιαυτὸν εἰς τοὔμπροσθεν ἀεὶ χωροῦντας" ist freilich nicht so genau zu nehmen.
⁶ Nicht umgekehrt die Teutonen die Cimbern, wie Müllenhoff willkürlich annimmt. Siehe S. 37.

Grenze der römischen Herrschaft. Müllenhoff hat darauf aufmerksam gemacht, dass Livius schon bei der Schlacht von Noreja von Cimbern und Teutonen gesprochen habe, wenn auch die Epitome nur von dem Hauptvolk, den Cimbern spricht.[1]

Der erste Zusammenstoss, welcher uns überliefert ist, ist derjenige mit den Bojern im herkynischen Walde, im Bojerheim d. i. Böhmen. Von diesem „geplagtesten aller Keltenvölker" wurden aber die Cimbern zurückgeschlagen.[2] Donauabwärts erreichten sie dann bald die kriegerischen Skordisker, welche durch ihre häufigen Einfälle in Macedonien schon mehrfach mit den Römern in Konflikt geraten waren.[3] Auch von den Skordiskern[4] wurden die Cimbern aufgehalten, d. h. diesmal rückwärts gedrängt, in's Gebiet der Taurisker[5] (später Noriker genannt), die nur durch einen

---

[1] Obsequens 38 (Livius' vollständigster Ausschreiber), Vell. Paterc. II, 8; II, 12; dazu Appian, Keltike 13, der sogar nur Teutonen nennt.
Auch Posidonius muss in diesem Sinne berichtet haben, nach Plutarch Mar. 16: „ἣ τὰ τοῦ Κάρβωνος αὐτὸν φοβεῖ καὶ Καιπίωνος, οὓς ἐνίκησαν οἱ πολέμιοι"; welche Worte den Soldaten des Marius unmittelbar vor der Teutonenschlacht in den Mund gelegt werden. Dies, wenn anders Posidonius unter „Cimbern" bis zur definitiven Trennung in 2 Gruppen, nicht die Völker des Nordens überhaupt bezeichnet hat, wie schon mehrfach betont worden.
Zu den obigen Citaten vgl. Müllenhoff S. 289 f. (Bd. II); d'Arbois de Jubainville S. 5.

[2] Vermutlich wollten sie von Norden her in Böhmen eindringen, wurden zurückgeschlagen und zogen dann im Osten durch das heutige Schlesien und Mähren an die Donau.
Wir verstehen im folgenden unter „Cimbern" kurz Cimbern, Teutonen und Ambronen, die Nordvölker überhaupt, wenn nicht eine Scheidung selbstverständlich ist.

[3] M. Portius Cato wurde von ihnen völlig geschlagen. 114. Vgl. Mommsen II, S. 170, 71. 8. Aufl. 1889.

[4] Die zwischen Drau und Sau wohnten und bis nach Serbien reichten.

[5] Dies wohl unmittelbar bevor Metellus Caprarius die Skordisker mit mehr Glück bekriegte als Cato. Die Skordisker waren durch den Zusammenstoss mit den Cimbern eben geschwächt worden, zu gunsten der Römer.

Höhenzug von den Skordiskern getrennt waren[1], und im Gegensatz zu diesen Gastfreunde der Römer geworden waren.[2] Der eine cs. des Jahres 113, Cn. Papirius Carbo, hatte die Aufgabe, die Alpenpässe an der engsten Stelle zu bewachen und einen eventuellen Einfall in Italien abzuwehren. Nach Siegeslorbeeren dürstend rückte er nach Norden vor, in der Erwartung, von den Wandervölkern angegriffen zu werden; als dies nicht geschah, beschuldigte er die Cimbern, das Gebiet der römischen Gastfreunde betreten zu haben und hiess sie es räumen. Darauf schickten ihm die Cimbern eine Gesandtschaft und entschuldigten sich sogar, von dieser Gastfreundschaft nichts gewusst zu haben und versprachen, den Norikern nicht zu nahe zu treten. Carbo schmeichelte den Gesandten und gab ihnen Führer mit, aber nur um selbst mit seinem Heere auf einem kürzern Weg die Cimbern zu überfallen. Er wurde bei Noreja, dem heutigen Neumarkt in Steiermark, mit ihnen handgemein, büsste aber seine Treulosigkeit mit einer vollständigen Niederlage, die in Vernichtung ausgeartet wäre, wenn nicht plötzliche Finsternis und ein gewaltiges Gewitter der Schlacht ein jähes Ende bereitet hätte.[3]

Nach dem Sieg bei Noreja stand den Cimbern Italien offen, und dass sie sich nicht nach Süden wandten, beweist, dass von einem von anfang an bestimmten Ziele, nämlich Italien, keine Rede sein kann.[4] Im Gegenteil wollten diese Scharen nur genügend Land, um ihr Leben besser fristen zu können als in ihrem heimgesuchten Vaterlande.[5] Vorerst schien sich

---
[1] Müllenhoff, S. 291.
[2] Nach Unterwerfung der Carner.
[3] Appian gibt Keltike 13 die ausführlichste Beschreibung der Schlacht und ihrer Entstehung.
Strabo nennt p. 214 den Ort Noreja, 1200 Stadien = 240 km von Aquileja entfernt.
Der Niederlage des Carbo gedenken mit wenigen Worten: Livius epit. 63; Eutrop IV, 25; Vellejus II, 12; Tacitus Germ. 37 u. a.; dazu Vellejus Pat. II, 8 und 12; Obsequens 38; Plutarch Mar. 19, schon erwähnt S. 46, Anm. 3.
[4] Pallmann S. 32 ff. nimmt sehr kühn die planmässige Reise von Jütland nach Italien an. („Jütland und Italien"!).
[5] Vgl. unten die Bitte um Land in Gallien anno 109.

aber ihre Kriegs- und Wanderlust noch nicht ausgetobt zu haben. Wären sie von den Skordiskern nicht zurückgedrängt worden, so wären sie in der Balkanhalbinsel herumgezogen wie später in Frankreich. Genug, die Cimbern und Teutonen wandten sich in's Gebiet der Helvetier, mit denen sie sich auf friedlichem Wege abgefunden haben müssen, wie denn auch Posidonius (b. Strabo) den Reichtum und die Friedensliebe der Helvetier hervorhebt. Sie haben demnach den Cimbern den Durchgang durch ihr grosses Gebiet gestattet, ja, gereizt durch den noch grössern auf der Wanderschaft erworbenen Reichtum der Cimbern, mit ihnen gemeinsame Sache gemacht. Wahrscheinlich sind sie den Germanen erst nachgezogen, was sich aus dem spätern auftreten der Tiguriner in Gallien ergibt.[1] Auch Sequaner scheinen sich angeschlossen zu haben.[2]

---

[1] Eine Auswanderung erfordert immer ihre Vorbereitungen; es ist daher ganz begreiflich, dass wir den Tigurinern in Gallien später begegnen.

[2] Strabo sagt p. 192: „οἱ Σηκοανοί, διάφοροι καὶ τοῖς Ῥωμαίοις ἐκ πολλοῦ γεγονότες καὶ τοῖς Αἰδούοις, ὅτι πρὸς Γερμανοὺς προσεχώρουν πολλάκις κατὰ τὰς ἐφόδους αὐτῶν τὰς ἐπὶ τὴν Ἰταλίαν." Diese „rätselhafte" Stelle bei Strabo ist aus Cæsar bg. I, 31 geschöpft, auf den die *Aeduer* deutlich weisen. (Müllenhoff S. 294 Anm.). Allein mit einer „*böswilligen und zugleich dummen Übertreibung*" Cæsars haben wir es hier *nicht* zu tun. Dass die Sequaner früher (bis anfangs des 1. vorchristlichen Jahrhunderts) noch die schweizerische Hochebene bis zu den Alpen inne gehabt haben müssen, haben wir oben S. 44, Anm. 2, dargetan. Sequaner hatten vermutlich sich schon an den Gäsatenzügen beteiligt und Sequaner werden sich auch den Cimbern und Teutonen angeschlossen haben, vielleicht schon jetzt, als sie hörten, die Cimbern hätten den Mittelrhein überschritten, wahrscheinlicher aber unmittelbar vor 109 (Niederlage des Silanus), als die Germanen, von den Belgiern zurückgewiesen, zum ersten mal „iter in Provinciam nostram facerent", (s. S. 42, Anm. 2), wo sie den Silanus schlugen. Auf dem Wege in die römische Provinz mussten die Cimbern das sequanische Gebiet passiren oder ganz in der Nähe berühren.

Dass die Sequaner selbst es waren, welche die Teutonen-Könige auf der Flucht nach der Schlacht bei Aquæ Sextiæ ergriffen und auslieferten, beweist mehr für als gegen ihren Anschluss an die Germanen. Natürlich musste ihnen nach deren Vernichtung daran gelegen sein, dass die Sieger nun nicht auch noch ihre Waffen gegen sie kehrten!

Die Cimbern setzten vom Gebiet der Helvetier über den Mittelrhein und warfen sich auf Gallien, das nun jahrelang ihren verwüstenden Zügen preisgegeben war. Naturgemäss hat ihr Angriff zuerst den Norden, die Belgier, getroffen und zwar, wie wir annehmen, vom Rhein aus; grosse Heere benutzen am besten so lang als möglich Flusstäler zu ihren Märschen. Wir wissen, dass die Nordvölker von den tapfern Belgiern so kräftig zurückgeschlagen wurden, dass sie sich entschlossen, südwärts zu ziehen, vielleicht moselaufwärts. Vorher liessen sie aber einen Teil ihrer Bagage mit einer Bewachung von 6000 Mann zurück, aus denen die spätern Aduatuker wurden. (S. 42.)

So betraten die Cimbern das Gebiet der römischen Provinz. Des langen herumziehens vielleicht müde, gingen sie die Römer um Land an gegen Leistung von Kriegsdienst, wie es die Germanen zur Kaiserzeit später so oft getan.[1] Zu diesem Zwecke wurde sogar eine Gesandtschaft nach Rom geschickt. Der Senat wies die Bitte wie gewohnt ab, und der cs. des Jahres 109, M. Junius Silanus, griff seinerseits, wohl ohne die Antwort abzuwarten[2], die wilden Fremdlinge an, wurde aber wie Carbo mit seinem Heere gänzlich aufgerieben.[3]

Wieder wandten sich die Cimbern und Teutonen nicht nach Italien; die Ausplünderung Galliens reizte sie vor der Hand mehr. Vielleicht, dass sie sich das verweigerte Land mit eigener Faust verschaffen wollten. Entsetzlich muss

---

[1] Ebenso die schon anno 186 über die Alpen steigenden Völker. Livius XXIX, 22, 45, 54.

[2] „Statt aller Antwort" (Mommsen, S 175; Dahn S. 5). Mommsen versetzt die Schlacht in's Gebiet der Allobroger, was aber in keiner Quelle steht.

[3] Livius hat auch in dieser Schlacht von Cimbern *und* Teutonen gesprochen; wir wissen dies durch Florus und Vellejus Paterculus. Die Bestätigung geschieht durch Plinius XXV, 25: „ . . . . ostendens in tabula pictum inficetissime Gallum exerentem linguam. In foro fuit et illa pastoris senis cum baculo, de qua *Teutonorum* legatus respondit interrogatus, quatine eum æstimaret, donari sibi nolle talem vivum verumque". Es ist dies die einzige um diese Zeit bezeugte Gesandtschaft. Vgl. Müllenhoff S. 295; d'Arbois S. 5 und 6.

Gallien jahrelang gelitten haben; der Landbevölkerung blieb
nichts übrig, als sich in die Städte zu flüchten, und hier
erreichte Not und Elend eine solche Höhe, dass man sich
sogar mit Menschenfleisch nährte.[1]

Während nun Gallien und vorzugsweise Mittelgallien
auf's grässlichste verheert wurden, tauchen die helvetischen
Tiguriner unter Diviko im Südwesten Galliens auf.

Der cs. des Jahres 107, L. Cassius Longinus, der sie
bis zum Ozean verfolgte[2], wurde von ihnen im Gebiet der
Nitiobrigen um Aginnum (Agen) an der untern Garonne
umringt, und musste sich in eine Schlacht einlassen, in der
sein Heer geschlagen, er selbst mit seinem Legaten L. Piso
getötet wurde. Der andere Legat, L. Popillius, rettete das
Heer nur durch den schimpflichsten Vertrag vom gänzlichen
Untergange, nämlich durch Stellung von Geisseln, Abtretung
der Hälfte von Waffen und Gepäck und Abzug unter dem
Joch.[3]

Gleich darauf erhob sich die Stadt Tolosa im Gebiet
der volcischen Tektosagen und vertrieb die römische Be-
satzung, eine unmittelbare Folge der römischen Niederlage.[4]

Doch gelang es dem cs. des nächsten Jahres, 106,
Q. Servilius Cæpio, die Stadt wieder zu nehmen, — natürlich durch Verrat einer römisch gesinnten Partei — da die
Cimbern für diesmal ausgeblieben waren. Mit der Stadt be-
mächtigte sich Cæpio auch des Tempelschatzes[5], und liess
diesen nach Massilia bringen. Bevor er aber in der römer-
freundlichen Stadt in Sicherheit war, wurden die Träger
überfallen und ihnen das Gold und Silber abgenommen, von

---

[1] Cæsar, b. g. VII, 77.
[2] Epit. 65; Orosius V, 15.
[3] Epit. 65; Orosius V, 15; Appian, Keltike 1.
[4] Dio, fragm. 90: „$\Pi\rho\grave{o}\varsigma$ $\tau\grave{a}\varsigma$ $\tau\tilde{\omega}\nu$ $K\iota\mu\beta\rho\omega\nu$ $\grave{\epsilon}\lambda\pi\iota\delta\alpha\varsigma$". Vgl. Müllenhoff S. 296.
[5] Vom Heiligtum des keltischen Apollo, natürlich nicht von
Delphi herstammend.

dem man seither nichts mehr gesehen. Als Urheber des
räuberischen Überfalles wurde sofort Cæpio selbst bezeichnet, was eine grosse Untersuchung in Rom zur Folge
hatte.[1]

Die Römer hielten sich jetzt mit 3 Heeren in starker
Defensive. 105 behielt der nunmehrige procs. Cæpio sein
Kommando über das Heer westlich der Rhone, der cs. von
105, Cn. Mallius Maximus, ein unfähiger Mann, stand in der
Mitte, am linken Ufer der Rhone, und sein Legat, M. Aurelius
Scaurus, nördlich gegen das Gebiet der Allobroger hin. Ein
zusammenwirken dieser 3 Armeen hätte gewiss einen Anfall der nordischen Völker und ihrer Begleiter zurückgeschlagen. Allein Cæpio hatte sich mit dem cs. hochmütig
überworfen, und wollte von einer Vereinigung nichts wissen.

Der erwartete Angriff der „Barbaren" kam von Norden
und traf daher zuerst den Aurelius Scaurus, der allein mit
ihnen fertig werden musste. Er wurde geschlagen und gefangen, und auf seine trotzige Antwort, die Cimbern sollten
ja nicht die Alpen überschreiten, denn die Römer seien unbesiegbar, hieb ihn ein heissblütiger Jüngling, der Cimbernkönig Bojorich, nieder.[2]

Nun wandte sich Mallius bittend an Cæpio, der auf
das linke Rhoneufer hinüberzog; aber selbst eine persönliche
Zusammenkunft brachte keine gemeinsame Aktion zustande[3];
im Gegenteil, als Mallius nun anfing, mit den Unterhandlungen nicht abgeneigten Feinden — die ihre alte Bitte um
Land wiederholten — sich zu besprechen, warf sich Cæpio
auf die Barbaren und wurde vernichtet. Die nicht minder
vollständige Niederlage des Mallius folgte auf dem Fusse.
Diese Doppelschlacht bei Arausio, am 6. Oktober 105, kostete

---

[1] Strabo p. 188; Trog. Pomp. b. Justin 32, 3; Orosius V, 15 und 16.
Über das Schicksal des Cæpio siehe die Darstellung von Mommsen II,
S. 179 ff.

[2] Epit. 67; Vellejus Pat.; Granius Licinianus p. 16 (Editio
„Bonnensium heptas").

[3] Dio, fragm. 91; Granius Lic. a. a. O.

den Römern 80,000 Soldaten und 40,000 Trossknechte und Marketender.[1]

Diese Schlacht ist mit der von Cannæ zu vergleichen, nur dass hier die moralische Niederlage noch grösser war, und daher auch der allgemeine Unwille sich ganz im Gegensatz zu 216 gegen die beiden Führer richtete, gegen den unfähigen Maximus und ganz besonders gegen den gewissenlosen Cæpio.[2]

Die Barbaren, d. h. die Cimbern, Teutonen, Tiguriner, (Toygener) und Ambronen[3] — denn alle werden an der Schlacht bei Arausio teilgenommen haben — opferten die Gefangenen und weihten die ganze Beute den Göttern, indem sie Waffen und Kostbarkeiten in den Fluss warfen und sogar die Pferde ertränkten.

Wehrloser denn je stand Italien da; aber so wenig als nach Noreja nützte der Feind die günstige Gelegenheit aus. Die Barbaren, d. h. in der Hauptsache die Cimbern, durchzogen plündernd den südlichen Teil der Provinz, überschritten sogar die Pyrenæen, drangen in Hispanien ein und liessen so den bestürzten Römern Zeit, sich zu erholen und ausserordentliche Massregeln zu ergreifen.

Denn wie gesagt, der Tag von Arausio gleicht dem von Cannæ:[4] Die Trauerzeit wurde abgekürzt; was nur die Waffen tragen konnte, wurde aufgeboten, und zum neuen Befehlshaber wurde trotz seiner Abwesenheit und vor Ab-

---

[1] Diese Zahlen nennt die epit. des Livius und Orosius V, 16 (Antias). Dass nur 10 Mann entwichen seien und das Unglück verkündet hätten, ist eine von Antias erfundene Anekdote. Das Datum bei Plutarch Lucullus 27.

[2] Der bald darauf belangt und verurteilt wurde (schon wegen des Tempelraubes von Tolosa). Siehe S. 57, Anm. 1.

[3] Dass bei Arausio ausser Cimbern und Teutonen auch Tiguriner und Ambronen mitkämpften, wie Livius berichtet haben muss, davon zeugen: Florus l. c.; Eutrop V, 1; Valerius Maximus IV, 5, 3 und Orosius l. c. Vgl. Müllenhoff S, 298; d'Arbois S. 6.

[4] Er wurde im Kalender als Unglückstag bezeichnet und ihm diese Vorbedeutung erst mit dem Sieg des Lucullus über Tigranes (6. Okt. 69) genommen.

lauf der gesetzlich vorgeschriebenen 10jährigen Zwischenzeit[1], der Mann zum Retter des Staates berufen, der dem Volke allein geeignet schien[2], das Unglück wieder gut zu machen — Marius.

Der Sieger in Afrika wurde gewählt und mit ihm für 104 C. Flavius Fimbria. Nach seinem glänzennde Triumph über den gefangenen Jugurtha am 1. Januar 104, trat er sogleich sein Kommando an und[3] ging in seine Provinz ab. Es kam ihm sehr zu statten, dass ihm die Feinde zu grossartigen Rüstungen Zeit liessen. Nicht weniger als zwei Jahre schlugen sich die Cimbern in Spanien mit den Keltiberern herum, und während dessen, in den Jahren 104 und 103[4], wurden jene Befestigungen und Verschanzungen an der Rhone angelegt, wurden die Tektosagen wieder zum Gehorsam gebracht, wurde durch die strenge Mannszucht, durch die unparteiische Gerechtigkeit des Marius gegen Vornehme und Geringe, ein wohldisziplinirtes, widerstandsfähiges Heer so zu sagen erst geschaffen. Das grossartige Werk, die nach dem Erbauer benannte „fossa Mariana", wurde erstellt, weil die Mündungen der Rhone versandet waren. Der den Massalioten übergebene Kanal diente zur leichtern Herbeischaffung von Proviant und Nachsendung von Truppen aus Italien. Die Wandervölker in fernen Landen aufzusuchen, wagte Marius nicht, sondern er erwartete ihren eigenen Angriff mit Spannung.

Für das Jahr 103 wurde Marius mit dem 3. Consulat betraut und zwar ohne dass seine Anwesenheit in Rom dazu nötig gewesen wäre. Plutarch erzählt, dass ein Vorfall, der seine strenge Gerechtigkeit so recht habe zur Geltung kommen lassen, ihm vornehmlich zur Erlangung

---

[1] Plutarch Mar. 12.

[2] Wohl hatten die Optimaten auch jetzt einige erprobte Männer aufzuweisen wie Rutilius Rufus und Cæcilius Metellus; allein die plebs wollte für einmal nichts von ihnen wissen.

[3] Die Geschichte vom erscheinen des Marius im Triumphalgewand vor dem Senat übergehen wir absichtlich. (Mar. 12; epit. 67).

[4] Nicht erst beim herannahen der Feinde (anno 102) wie Plutarch, K. 15, unüberlegt berichtet. „Tertius (consulatus) in apparatu belli consumptus". (Vellejus Pat.) Vgl. Müllenhoff S. 123, 124.

des 3. Consulates verholfen habe[1], dass man aber ausserdem in diesem Frühjahr die Ankunft der Feinde erwartete.[2] Allein sie erschienen nicht, und das ganze Jahr verging wieder mit arbeiten und schanzen, exerziren und manöveriren. Als das Jahr zu Ende ging, übergab Marius das Kommando über die Armee dem M.' Aquillius, da sein Kollege inzwischen gestorben war, und verfügte sich selbst nach Rom. Hier soll er das 4. Consulat durch demagogische Umtriebe erlangt haben.[3]

Er wurde wieder gewählt, da „die Umstände es erheischten" (Mar. 14), und sein Kollege war für 102 der Optimat Lutatius Catulus, „ein Mann von den Vornehmen geachtet und dem Volke nicht verhasst." (Mar. 14). Ihm wurde das cisalpinische Gallien zugewiesen.

Jetzt, im Jahre 102, waren die Feinde im Anzuge. Die Cimbern waren über die Pyrenäen zurückgekommen[4]; wahrscheinlich hatten sich die tapfern Keltiberer ihrer nicht nur erwehrt, sondern — wie vor 113 die Bojer und Skordisker, nachher die Belgier — sie zurückgeschlagen.[5] Nochmals, zum letzten Mal, wurde Gallien plündernd durchzogen[6], bis die Scharen von den Belgiern wiederum Kehrt machen mussten.[7]

---

[1] Mar. 14, nämlich die Belohnung des Trebonius, der des Marius Neffen C. Lugius aus Notwehr getötet hatte. Val. Max. nennt VI, 1, 3 „Plotius" statt „Trebonius".

[2] Marius' College für 103 war L. Aurelius Orestes.

[3] Livius epit. 67: „quartum consulatum dissimulanter captans consecutus est".

Ausführlicher beschreibt diese Umtriebe Plutarch (Mar. 14): Saturninus habe den Marius, der zum Schein sich spröde verhalten, einen Verräter am Vaterlande genannt und dabei seine ihm von Marius eingegebene Rolle ziemlich ungeschickt gespielt. Wie viel daran wahr, lässt sich so wenig bestimmen, wie das erscheinen des Marius im Triumphalkleid vor dem Senat.

[4] Wahrscheinlich schon im Herbst 103, da Livius (epit.) und Obsequens die Rückkehr im Abschnitt erwähnen, der dem Kriegsjahre vorausgeht, Livius also in 2 verschiedenen Büchern.

[5] So sagt die Epitome 67.

[6] Mommsen, S. 183, nimmt an längs dem atlantischen Ocean.

[7] Lesen wir in der epit. 67 „Bellovacis", so geschah die Wiedervereinigung mit den Helvetiern und Teutonen *im* Gebiete, lesen wir „Veliocassis", an der Grenze des Gebietes von Belgien, an der untern Seine. Die unwahrscheinlichere Lesart „bellicosis" gibt uns über den Ort der Wiedervereinigung keine Auskunft.

Nun endlich wurde der Zug nach Italien beschlossene Sache. Warum wohl erst jetzt und jetzt bestimmt? Gallien war verheert und ausgesogen, in Spanien nichts zu finden, der Norden gesperrt — so blieb nur der Süden übrig, der von nun an mit einem bestimmten Plane das feste Ziel der Völker wurde. Von jetzt an handeln unsere Völker planmässig.[1]

Die vorläufig vereinigten Massen hätten jedoch ob ihrer ungeheuren Zahl weder Wege noch Vorräte zur Genüge gefunden, darum wurde eine definitive Teilung beschlossen[2], wahrscheinlich an den Ufern des Mittelrheins.[3] Die Cimbern und Tiguriner gingen über den Rhein zurück, vorläufig in's helvetische Gebiet, um von Norden her in Italien einzudringen; die Teutonen und Ambronen wandten sich nach Süden an die Rhone, um durch die Provence Italien zu erreichen. Im Sommer 102 überschritten diese Abteilungen die Rhone, woran sie Marius nicht hindern konnte oder wollte. Er hatte sich am Einfluss der Isère in die Rhone verschanzt, der geeignetste Punkt, den Scharen den Pass über den kleinen Bernhard zu verlegen. Drei Tage wurde das Lager bestürmt[4], aber vergeblich. Die Teutonen und ihre Begleiter forderten den Marius mit wildem Geschrei zur Schlacht heraus; allein dieser liess sich nicht irre machen, beschwichtigte die ungehaltenen und nach Kampf heftig verlangenden Soldaten, und überzeugte sie, dass man sich erst an den Anblick der schreckhaften Ge-

---

[1] Die Teilung ward jetzt gleich, seitdem das gemeinsame Ziel feststand, durchgeführt, nicht erst nach einem vergeblichen Versuch des zusammengehens, wie Mommsen, S. 183, annehmen dürfte.

[2] Plutarch Mar. 15: „τῶν δὲ βαρβάρων διελόντων σφᾶς αὐτοὺς δίχα". Orosius: „tribus agminibus". Florus: „tripertitio agmine". Die Sache ist so zu verstehen, dass vorläufig nur eine Zweiteilung stattfand. Später, in den Alpen, trennten sich Cimbern und Tiguriner nochmals.

[3] Dahn's Annahme „um Dijon" hat nichts für sich; es muss in der Nähe von Belgien geschehen sein.

[4] Nach Florus und Orosius wäre die ganze Menge Barbaren vor dem Lager erschienen (incl. Cimbern etc.) und hätte sich erst nach dem vergeblichen stürmen geteilt, d. h. beide haben ihren Gewährsmann Livius falsch aufgefasst. Vgl. Müllenhoff S. 131.

stalten gewöhnen müsse, bevor an eine siegreiche Entscheidung zu denken sei.[1]

Die Barbaren mussten endlich nach vergeblichem stürmen und empfindlichen Verlusten die Belagerung aufgeben; sie entschlossen sich, unbekümmert um den Löwen im Lager, vorwärts zu ziehn.

Sechs Tage währte der ungeheure Zug, gegen 250,000 wehrfähige Männer (einschliesslich den Tross), gefolgt von Weibern, Kindern und Greisen. „Ob die Römer nichts an ihre Weiber in Italien zu bestellen hätten," war die dreiste Frage der übermütigen Gesellen.[2]

Alsbald brach Marius sein Lager ab und folgte dem Feinde nach, immer wieder in seiner Nähe lagernd, bis zu den sog. „sextischen Wassern".[3] Hier wollten sich die Barbaren offenbar erholen und es sich vorderhand wohl sein lassen, zumal sie von den Alpen, d. h. einem Übergang nach Italien nicht mehr weit entfernt waren.[4] Marius musste wohl oder übel darauf bedacht sein, es hier zu einer Entscheidung kommen zu lassen; denn sonst wäre ihm das feindliche Heer auf dem Wege nach Italien zuvorgekommen. Er bezog ein Lager, das nicht genügend mit Wasser versehen war.[5] Die Römer litten Durst und verlangten zu

---

[1] Marius 16. — Kapitel 17 berichtet Plutarch von der Seherin Martha, von der Geschichte mit den Geiern und andern Wundererscheinungen, die ich füglich glaubte übergehen zu dürfen.

[2] Die Anekdote dürfen wir gewiss für glaubhaft erachten; sie stammt wahrscheinlich aus Valerius Antias und ist überliefert durch Florus, Orosius und Plutarch.

[3] Nach C. Sextius Calvinus (123) benannt.

Florus erzählt unbedacht, Marius habe die Feinde auf Abkürzungen eingeholt: „mira statim velocitate occupatis compendiis prævenit hostem."

[4] Sei es nun über den Mt. Genève oder längs der Küste über Nicæa etc.

[5] *Florus:* „consultone id egerit an errorem in consilium verterit". *Frontin:* „imprudentia metatorum" II, 7, 12. *Plutarch* Mar. 18: „βουλόμενος, ὥς φασι καὶ τοῦτο παροξῦναι τοὺς στρατιώτας".

Orosius: „aquam in conspectu esse respondit, sed eam ferro vindicandam".

Müllenhoff S. 133 ist der Ansicht, Florus habe das ursprüngliche bewahrt, Plutarch für die eine, Frontin für die andere Ansicht sich

trinken. — Marius antwortete kaltblütig: „Dort ist für euch das Wasser mit Blut zu erkaufen." (Er meinte das Flüsschen bei Aix, den Arc.) Zugleich war Marius darauf bedacht, das Lager zu befestigen. Jedoch der Tross liess sich nicht mehr halten; er stürzte hinunter zum Bache und kam in Berührung mit Feinden; man wurde handgemein; immer mehr liefen herbei von beiden Seiten; denn die Soldaten des Marius waren nun nicht mehr läner zu zügeln — es entstand ein hitziges Gefecht, in welchem die Römer über die aus ihrer Ruhe jäh gestörten Feinde siegten. Es waren dies hauptsächlich die tapfern Ambronen.[1]

Obgleich Sieger im Ambronengefechte, verbrachten die Römer die darauf folgende Nacht in grosser Besorgnis. Das Lager war noch unbefestigt, ein nächtlicher Überfall zu befürchten, und das furchtbare Geheul der Barbaren raubte den Römern den Schlummer. Allein die Nacht verstrich ohne Überfall, und den ganzen folgenden Tag verbrachten die Teutonen nur mit Zurüstungen.[2] Marius nützte, wie gewohnt, die günstige Frist aus. Er schickte den Claud. Marcellus mit 3000 Mann in einen Hinterhalt, damit er im geeigneten Moment den Feind in den Rücken falle[3], liess seinen Sol-

---

entschlossen. Dies ist gewiss der Fall, doch dürfen wir mit Sicherheit annehmen, dass hier nicht Absicht, sondern Zufall eine Rolle spielt, welch letztern Marius geschickt auszunutzen wusste, er, der sich gerade jetzt in Acht nehmen musste, dass ihm die Feinde nicht entwischten.

Wir wittern in den Worten des Orosius durchaus nicht wie Müllenhoff lediglich List; im Gegenteil, der bittere Ernst der Lage drückt sich in den Worten aus, die Plutarch dem Marius in den Mund legt: „πρότερον ὀχυρωτέον ἡμῖν τὸ στρατόπεδον".

[1] Warum Mommsen die Ambronen *kimbrische* Kernschar nennt, ist nicht klar.

Plutarch sagt von den Ambronen Kapitel 19: „τῶν πολεμίων τὸ μαχιμώτατον μέρος, ὑφ᾽ οὗ προήττηντο Ῥωμαῖοι μετὰ Μαλλίου καὶ Καιπίωνος πρότερον". Es seien ihrer über 30,000 gewesen. Vgl. was über die Ambronen gesagt worden. S. 47—49.

[2] Plutarch, Kapitel 20. Nach Orosius fand die entscheidende Schlacht erst am 4. Tage statt, während Vellejus sie am Tage nach dem Ambronengefecht folgen lässt. Florus weiss sogar nur von diesem einen Treffen am Flusse.

[3] Plutarch 20, 21. Frontin 2, 4, 6.

daten Zeit, sich zu stärken, und machte am dritten Tage Miene zum Angriff.[1]

Als die Teutonen die römischen Schlachtreihen erblickten, ewachte in ihnen die Kampfeslust. In wildem Ungestüm stürzten sie den Hügel hinauf; doch fest wie Mauern standen die wohldisziplinirten römischen Truppen. Sie leisteten erst den hartnäckigsten Widerstand, bis es ihnen gelang, den Feind langsam den Hügel hinabzudrängen in die Ebene — da fiel Marcellus im richtigen Augenblicke den Deutschen in den Rücken, und in der Glut der südfranzösischen Sonne (es war Juli) erschlafften endlich die zwischen zwei Feuern eingeengten Teutonen.[2] Bis in die Nacht hinein dauerte das Gemetzel, 200,000 sollen gefallen und 90,000 gefangen worden sein, freilich nach übertriebenen Angaben.[3]

Die ganze Habe der Teutonen fiel in die Hände der Römer; Marius überliess einen grossen Teil davon — was nicht schon unterschlagen war — seinen Kriegern gegen Schleuderpreise[4]; mit den übrigen veanstaltete er ein prachtvolles Opfer.[5]

Unter den gefangenen Teutonen war auch ihr König Teutobod;[6] die übrigen Heerführer, die sich flüchteten, wurden,

---

[1] Diese abermalige Zögerung der Deutschen lässt sich nur erklären, wenn man annimmt, dass sie sich einigermassen zerstreut hatten und sich sammeln wollten, um einen entscheidenen Schlag zu tun.

[2] „Ubi incalescente sole fluxa Gallorum corpora in modum nivis distabuerunt." (Orosius).

[3] Die Zahlen stimmen bei Livius und seinen Ausschreibern einerseits und bei Plutarch anderseits nicht. Livius folgte eben in der Teutonenschlacht vornehmlich dem Antias (siehe S. 11, Anm. 4). Vellejus moderirt die Zahlen für Ambronengefecht und Hauptschlacht anf 150,000, vielleicht das richtige Mittel. Noch glaubwürdiger ist die Angabe Plutarchs als die geringste Zahl = 100,000.

[4] Dio, fragm. 91, Becker. Vgl. Müllenhoff S. 135.

[5] Bei Posidonius-Plutarch lesen wir auch, dass die Massalioten mit den Gebeinen der Erschlagenen ihre Weinberge umzäunt hätten, und durch die vielen verwesten Leichnahme und die im Winter darauf folgenden Platzregen die Erde so gedüngt worden sei, dass die nächsten Jahre ausserordentlich fruchtbar geworden.

[6] Nicht gefallen, wie Orosius berichtet. Florus: „proximo in saltu comprehensus." Eutrop: „cepit et ducem eorum T."

wie schon früher erwähnt, von den Sequanern in den Alpen ergriffen und ausgeliefert. Alles, was nicht erschlagen, geriet in's Joch der Sklaverei; die Frauen kämpften und starben auf ihrer Wagenburg, und diejenigen, welche gefangen worden, gaben sich selbst den Tod, da ihre Bitte, mit unverletzter Keuschheit in den Dienst der heiligen Jungfrauen und der Götter treten zu dürfen, nicht erhört wurde.

Wir haben noch der Vernichtung des Hauptstammes, der Cimbern zu gedenken. Unsere Quelle ist Posidonius, auf dem, wie wir gesehen, auch Livius und seine Überlieferung grossenteils fusst. Bei Plutarch handelt es sich nur darum, alles was nicht Eigentum von Posidonius ist, sondern von Catulus oder Sulla herrührt, auszuscheiden und zu streichen, da es entweder zu gunsten der beiden Optimaten aufgebauscht ist oder sonst nichts wesentliches bietet.

Wenige Tage nach dem glorreichen Siege über die Teutonen erhielt Marius von seinem Kollegen Catulus die schlimme Botschaft, dass er mit seinem Heere von den Cimbern hart bedrängt sei. Die Cimbern hatten mit den Tigurinern, wie wir gesehen, die ihnen zum grossen Teil schon bekannten Wege gewählt, hatten einen Pass in den Ostalpen überschritten und waren in's Etschtal gelangt. Bis in die jüngste Zeit dachte man sich unter diesem Pass keinen andern als den Brenner, den leichtesten in den Ostalpen, den die Cimbern überschritten haben sollen, um durch das Tal der Eisack und Etsch in die italische Ebene hinabzusteigen.

Nun hat aber in den 90er Jahren der in der Einleitung erwähnte E. Pais in seinen Untersuchungen über die cimbrische Invasion inbetreff des Cimbernkrieges ganz neue Gesichtspunkte aufgestellt.[1]

---

[1] Pais, „nuovi studi intorno all' invasione Cimbrica" in „Studi storici" Bd. I (1892), S. 141 ff. und S. 293 ff. corrigirt bezüglich des Alpenüberganges der Cimbern Plutarch 23 „Ἀτισών" (zwei mal) in Νατισων.

Der Natiso ist der heutige Isonzo (Torre und Sdobba) der beim alten Aquileja in den Busen von Triest mündet. Pais nimmt also einen kärntischen Alpenpass als Übergang der Cimbern an. Ferner corrigirt

Pais sucht den Übergang der Cimbern östlich vom Brenner und ist damit sicher im Recht. Denn der Brenner gehört nach Rätien und nicht nach Noricum, von dem Plutarch ausdrücklich spricht.[1] Anderseits nehmen wir gegen Pais doch an, dass die Cimbern in's Etschtal gekommen seien und zwar durch das Pustertal, nachdem sie die kärntischen Alpen überschritten hatten. Die wilden Vindelicier und Räter werden ihnen den Brenner gesperrt haben.

Die Tiguriner, die in der Heimat verzögert worden waren, weil sie dort ihre Beute in Sicherheit gebracht haben werden, zogen den Cimbern erst nach und warteten gleichsam als Nachhut in den norischen Alpen deren Erfolg in Italien ab.

Catulus erwartete die Cimbern anno 102 südlich von Trient; er hatte (oberhalb Verona) eine Brücke über die Etsch geschlagen und war auf beiden Seiten des Flusses aufgestellt, als die Cimbern aus den Alpen hervorbrachen, und durch Balken und Baumstämme, die sie den Fluss hinuntergleiten liessen, die Brücke zerstören wollten. Da befiel die Römer der „terror Cimbricus"; sie flohen mit panischem Schrecken[2] und nur eine Legion hielt am linken Ufer stand und erhielt von den Germanen ehrenvollen Abzug.[3] Das ganze Land zwischen Alpen und Po fiel somit den Cimbern in die Hände. Diese mochten erst die Ankunft

---

er Plutarch 25: τὸ πεδίον τὸ περὶ „Βερκέλλας" in „Βρίξελλον" und will die Cimbernschlacht nicht auf die raudischen Felder, sondern in die Ebene nördlich von Aquileja verlegen.

Pais' Gegner ist *de Vit*. Nach ihm wäre es für die Cimbern, wenn sie die Aufgabe hatten, „διὰ Νωρικῶν ἐπὶ Κάτλον χωρεῖν" ein ganz unglaublicher Umweg gewesen, wenn sie den Weg durch das östliche Gebiet der Taurisker genommen hätten. Die „Norici" seien vielmehr an der Grenze von Gallia Narbonensis zu suchen, die wie andere „Taurisker" und „Lepontier" genannten Alpenvölker, im Tale von Ossola sassen. (?!)

Eine sonderbare Ansicht, über die wir uns nicht aufzuhalten brauchen, wenn wir an die damaligen Wohnsitze der Helvetier denken.

[1] Κίμβροι μὲν ἔλαχον διὰ Νωρικῶν ἄνωθεν ἐπὶ Κάτλον χωρεῖν.

[2] Wie anders verteidigten im 12. Jahrhundert (anno 1155) die Lombarden die Veroneser Klause gegen Friedrich Barbarossa!

[3] Was sie bei ihrem Heiligtum, einem ehernen Stier, beschworen.

der Teutonen erwarten, um gemeinsam mit ihnen die römische Hauptstadt anzugreifen; denn sie liessen sich den ganzen Winter und Frühling des Jahres 101 in der Poebene heimisch nieder, liessen also den Römern wieder Zeit.[1]

Marius, der für 101 zum fünften mal zum cs. gewählt worden war, hatte auf das Hülfegesuch des Catulus sein Heer sofort nach Italien geführt, erschien persönlich in Rom, verschob aber den Triumph angesichts der noch drohenden Gefahr und vereinigte sich sofort mit dem nunmehrigen procs. Catulus. Beide Feldherrn überschritten im Sommer 101 den Po, um die Feinde aufzusuchen.

Auf den raudischen Gefilden stiessen die Heere aufeinander. Die Schlacht wurde nach Zeit und Ort unmittelbar vorher durch förmliche Verabredung bestimmt zwischen Marius und dem Cimbernkönig Bojorich. Nochmals hatten die Cimbern ihr Gesuch um Anweisung von Ländereien vorgebracht, wiederum wurde es ihnen abgeschlagen, diesmal mit Spott und Hohn.[2]

Die Schlacht verlief für die Germanen so unglücklich wie die Entscheidung bei Aquæ Sextiæ. Die zeitige und vortreffliche Aufstellung des römischen Heeres durch Marius und Catulus, der allzu rasche und ungestüme Angriff der Cimbern und die nachherige Erschlaffung in der Mittagssonne werden die Hauptfaktoren für die Vernichtung der Cimbern gewesen sein.[3] (30 Juli 101). Zwei Cimbern-Könige fielen in der Schlacht, Bojorich und Lugius, zwei andere wurden gefangen, Claodicus und Cæsorix[4], 140,000 Streiter sollen

---

[1] Was die Zeit des Übergangs betrifft, so sagt Florus ausdrücklich „per hiemem", Plutarch, z. Z. der Schlacht bei Aquæ Sextiæ; aber *er*, nicht Florus spricht von sich beschneien lassen, von Eis und tiefem Schnee.
Der Marsch der Cimbern hat sich vermutlich durch das ganze Jahr 102 gezogen, da die Cimbern einen weiten Weg hatten.

[2] „ἐᾶτε τοίνυν τοὺς ἀδελφούς, ἔχουσι γὰρ γῆν ἐκεῖνοι καὶ διὰ παντὸς ἕξουσι παρ' ἡμῶν λαβόντες.
Antwort des Marius. Plutarch Mar. 24.

[3] Analog wie bei Aquæ Sextiæ.

[4] Über diese deutschen Namen S. 24.

gefallen, 60,000 als Gefangene zu Sklaven gemacht worden sein.

Nach der eigentlichen Schlacht aber wiederholten sich Scenen, ähnlich wie nach Aquæ Sextiæ, nur noch erschütternder. Die römischen Verfolger drangen in's cimbrische Lager und sahen es mit an, wie die germanischen Frauen auf ihre fliehenden Männer zielten, sich gegen Feinde heldenmütig verteidigten und sich schliesslich, als alles verloren, mit ihren Kindern den Tod gaben.

„Der verlorne Posten der deutschen Wanderungen hatte seine Schuldigkeit getan; das heimatlose Volk der Cimbern und seiner Genossen war nicht mehr."

Berichtigungen.

S. 13, Anm. 3 lies „S. 31 ff." (statt S. 29).
S. 14, Anm. 1 „   „S. 31" (statt S. 29).
S. 16, Anm. 2 „   „$Μωλιστόμῳ$" für $Μαλ.$

www.ingramcontent.com/pod-product-compliance
Lightning Source LLC
Chambersburg PA
CBHW031223230426
43667CB00009BA/1451